资治通鉴卷第一百四十

齐纪六 起旃蒙大渊献，尽柔兆困敦，凡二年。

高宗明皇帝中

建武二年（乙亥，公元四九五年）

春，正月，壬申，遣镇南将军王广之督司州、右卫将军萧坦之督徐州、尚书右仆射沈文季督豫州诸军以拒魏。

癸酉，魏诏："淮北之人不得侵掠，犯者以大辟论。"

乙未，拓跋衍攻钟离，徐州刺史萧惠休乘城拒守，间出袭击魏兵，破之。惠休，惠明之弟也。刘昶、王肃攻义阳，司州刺史萧诞拒之。肃屡破诞兵，招降万馀人。魏以肃为豫州刺史。刘昶性褊躁，御军严暴，人莫敢言。法曹行参军北平阳固苦谏；昶怒，欲斩之，使当攻道。固志意闲雅，临敌勇决，昶始奇之。

丁酉，中外纂严。以太尉陈显达为使持节、都督西北讨诸军事，往来新亭、白下以张声势。

己亥，魏主济淮；二月，至寿阳，众号三十万，铁骑弥望。甲辰，魏主登八公山，赋诗。道遇甚雨，命去盖；见军士病者，亲抚慰之。

魏主遣使呼城中人，丰城公遥昌使参军崔庆远出应之。庆远问师故，魏主曰："固当有故！卿欲我斥言之乎，欲我含垢依违乎？"庆远曰："未承来命，无所含垢。"魏主曰："齐主何故废立？"庆远曰："废昏立明，古今非一，未审何疑？"魏主曰："武帝子孙，今皆安在？"庆远曰："七王同恶，已伏管、蔡之诛；其馀二十馀王，或内列清要，或外典方牧。"魏主曰："卿主若不忘忠义，何以不立近亲，如周公之辅成王，而自取之乎？"庆远曰："成王有亚圣之德，故周公得而相之。今近亲皆非成王之比，故不可立。且霍光亦舍武帝近亲而立宣帝，唯其贤也。"魏主曰："霍光何以不自立？"庆远曰："非其类也。主上正可比宣帝，安得比霍光！若尔，武王伐纣，不立微子而辅之，亦为苟贪天下乎？"魏主大笑曰："朕来问罪。如卿之言，便可释然。"庆远曰："'见可而进，知难而退'，圣人之师也。"魏主曰："卿欲吾和亲，为不欲乎？"庆远曰："和亲则二国交欢，生民蒙福；否则二国交恶，生民涂炭。和亲与否，裁自圣衷。"魏主赐庆远酒殽、衣服而遣之。

戊申，魏主循淮而东，民皆安堵，租运属路。丙辰，至钟离。

上遣左卫将军崔慧景、宁朔将军裴叔业救钟离。刘昶、王肃众号二十万，堑栅三重，并力攻义阳，城中负楯而立。王广之引兵救义阳，去城百馀里，畏魏强，不敢进。

城中益急，黄门侍郎萧衍请先进，广之分麾下精兵配之。衍间道夜发，与太子右率萧诔等径上贤首山，去魏军数里。魏人出不意，未测多少，不敢逼。黎明，城中望见援军至，萧诞遣长史王伯瑜出攻魏栅，因风纵火，衍等众军自外击之，魏不能支，解围去。己未，诞等追击，破之。诔，谌之弟也。

先是，上以义阳危急，诏都督青、冀二州诸军事张冲出军攻魏以分其兵势。冲遣军主桑系祖攻魏建陵、驿马、厚丘三城，又遣军主杜僧护攻魏虎阬、冯时、即丘三城，皆拔之。青、冀二州刺史王洪范遣军主崔延袭魏纪城，据之。

魏主欲南临江水，辛酉，发钟离。司徒长乐元懿公冯诞病，不能从，魏主与之泣诀，行五十里，闻诞卒。时崔慧景等军去魏主营不过百里，魏主轻将数千人夜还钟离，拊尸而哭，达旦，声泪不绝。壬戌，敕诸军罢临江之行，葬诞依晋齐献王故事。诞与帝同年，幼同砚席，尚帝妹乐安长公主。虽无学术，而资性淳笃，故特有宠。丁卯，魏主遣使临江，数上罪恶。

魏久攻钟离不克，士卒多死。三月，戊寅，魏主如邵阳，筑城于洲上，栅断水路，夹筑二城。萧坦之遣军主裴叔业攻二城，拔之。魏主欲筑城置戍于淮南，以抚新附之民。赐相州刺史高闾玺书，具论其状。闾上表，以为：「《兵法》：「十则围之，五则攻之。」向者国家止为受降之计，发兵不多，东西辽阔，难以成功；今又欲置戍淮南，招抚新附。昔世祖以回山倒海之威，步骑数十万，南临瓜步，诸郡尽降，而盱眙小城，攻之不克。班师之日，兵不戍一城，土不辟一廛。夫岂无人？以为大镇未平，不可守小故也。夫壅水者先塞其原，伐木者先断其本；本原尚在而攻其末流，终无益也。寿阳、盱眙、淮阴，淮南之本原也；三镇不克其一，而留守孤城，其不能自全明矣。敌之大镇逼其外，长淮隔其内；少置兵则不足以自固，多置兵则粮运难通。大军既还，士心孤怯；夏水盛涨，救援甚难。以新击旧，以劳御逸，若果如此，必为敌擒，虽忠勇奋发，终何益哉！且安土恋本，人之常情。昔彭城之役，既克大镇，城戍已定，而不服思叛者犹逾数万。角城蕞尔，处在淮北，去淮阳十八里。五固之役，攻围历时，卒不能克。以今准昔，事兼数倍。天时尚热，雨水方降，愿陛下踵世祖之成规，旋辕返旆，经营洛邑，蓄力观衅，布德行化，中国既和，远人自服矣。」尚书令陆睿上表，以为：「长江浩荡，彼之巨防。又南土昏雾，暑气郁蒸，师人经夏，必多疾病。而迁鼎草创，庶事甫尔，台省无论政之馆，府寺靡听治之所。百僚居止，事等行路，沉雨炎阳，自成疠疫。且兵徭并举，圣王所难。今介胄之士，外攻寇仇，羸弱之夫，内勤土木，运给之费，日损千金。驱罢弊之兵，讨坚城之虏，将何以取胜乎！陛下去冬之举，正欲曜武江、汉耳；今

自春几夏，理宜释甲。愿早还洛邑，使根本深固，圣怀无内顾之忧，兆民休斤板之役，然后命将出师，何忧不服！」魏主纳其言。

崔慧景以魏人城邵阳，患之。张欣泰曰：「彼有去志，所以筑城者，外自夸大，惧我蹑其后耳。今若说之以两愿罢兵，彼无不听矣。」慧景从之，使欣泰诣城下语魏人，魏主乃还。济淮，馀五将未济，齐人据渚邀断津路。魏主募能破中渚兵者以为直阁将军，军主代人奚康生应募，缚筏积柴，因风纵火，烧齐船舰，依烟直进，飞刀乱斫，中渚兵遂溃。魏主假康生直阁将军。

魏主使前将军杨播将步卒三千、骑五百为殿。时春水方长，齐兵大至，战舰塞川。播结陈于南岸以御之，诸军尽济。齐兵四集围播，播为圆阵以御之，身自搏战，所杀甚众。相拒再宿，军中食尽，围兵愈急。魏主在北岸望之，以水盛不能救；既而水稍减，播引精骑三百历齐舰大呼曰：「我今欲渡，能战者来！」遂拥众而济。播，椿之兄也。

魏军既退，邵阳洲上馀兵万人，求输马五百匹，假道以归。崔慧景欲断路攻之，张欣泰曰：「归师勿遏，古人畏之，兵在死地，不可轻也。今胜之不足为武，不胜徒丧前功；不如许之。」慧景从之。萧坦之还，言于上曰：「邵阳洲有死贼万人，慧景、欣泰纵而不取。」由是皆不加赏。甲申，解严。

初，上闻魏主欲饮马于江，惧，敕广陵太守行南兖州事萧颖胄移居民入城。民惊恐，欲席卷南渡。颖胄以魏寇尚远，不即施行；魏兵竟不至。颖胄，太祖之从子也。

上遣尚书右仆射沈文季助丰城公遥昌守寿阳。文季入城，止游兵不听出，洞开城门，严加守备。魏兵寻退。

魏之入寇也，卢昶等犹在建康，齐人恨之，饲以蒸豆。昶怖惧，食之，泪汗交横。谒者张思宁辞气不屈，死于馆下。及还，魏主让昶曰：「人谁不死，何至自同牛马，屈身辱国！纵不远惭苏武，独不近愧思宁乎！」乃黜为民。

戊子，魏太师京兆武公冯熙卒于平城。

乙未，魏主如下邳；夏，四月，庚子，如彭城；辛丑，为冯熙举哀。太傅、录尚书事平阳公丕不乐南迁，与陆叡表请魏主还临熙葬。帝曰：「开辟以来，安有天子远奔舅丧者乎！今经始洛邑，岂宜妄相诱引，陷君不义！令、仆以下，可付法官贬之。」仍诏迎熙及博陵长公主之柩，南葬洛阳，礼如晋安平献王故事。

魏主之在钟离也，仇池镇都大将、梁州刺史拓跋英请以州兵会刘藻击汉中，魏主许之。梁州刺史萧懿遣部将尹绍祖、梁季群等将兵二万，据险，立五栅以拒之。英曰：「彼帅贱，莫相统壹。我选精卒并攻一营，彼必不相救；若克一营，四营皆走矣。」乃引

兵急攻一营，拔之，四营俱溃，生擒梁季群，斩三千馀级，俘七百馀人，乘胜长驱，进逼南郑。懿又遣其将姜修击英，英掩击，尽获之。将还，懿别军继至；将士皆已疲，不意其至，大惧，欲走。英故缓辔徐行，神色自若，登高望敌，东西指麾，状若处分，然后整列而前。懿军疑有伏兵，迁延引退，英追击，破之，遂围南郑。禁将士毋得侵暴，远近悦附，争供租运。

懿婴城自守，军主范絜先将三千馀人在外，还救南郑。英掩击，尽获之。围城数十日，城中恟惧。录事参军新野庾域封题空仓数十，指示将士曰：「此中粟皆满，足支二年，但努力坚守！」众心乃安。会魏主召兵还，英使老弱先行，自将精兵为后拒，遣使与懿告别。懿以为诈，英去一日，犹不开门；二日，乃遣将追之。英与士卒下马交战，懿兵不敢逼，行四日四夜，懿兵乃返。英入斜谷，会天大雨，士卒截竹贮米，执炬火于马上炊之。

先是，懿遣人诱说仇池诸氐，使起兵断英运道及归路。英勒兵奋击，且战且前，矢中英颊，卒全军还仇池，讨叛氐，平之。英，桢之子；懿，衍之兄也。

英之攻南郑也，魏主诏雍、泾、岐三州发兵六千人戍南郑，俟克城则遣之。侍中兼左仆射李冲表谏曰：「秦川险厄，地接羌、夷。自西师出后，饷援连续，加氐、胡叛逆，所在奔命，运粮擐甲，迄兹未已。今复豫差戍卒，悬拟山外，虽加优复，恐犹惊骇。脱终攻不克，徒动民情，连胡结夷，事或难测。辄依旨密下刺史，待军克郑城，然后差遣。如臣愚见，犹谓未足。何者？西道险厄，单径千里，今欲深戍绝界之外，孤据群贼之中，敌攻不可猝援，食尽不可运粮。古人有言，『虽鞭之长，不及马腹』，南郑于国，实为马腹也。且魏境所掩，九州过八；民人所臣，十分而九；所未民者，唯漠北之与江外耳。羁之在近，岂汲汲于今日也！宜待疆宇既广，粮食既足，然后置邦树将，为吞并之举。今寿阳、钟离，密迩未拔；赭城、新野，跬步弗降。东道既未可以近力守，西藩宁可以远兵固！若果欲置者，臣恐终以资敌也。又，建都土中，地接寇壤，方须大收死士，平荡江会，若轻遣单寡，弃令陷没，恐后举之日，众以留守致惧，求其死效，未易可获。推此而论，不戍为上。」魏主从之。

癸丑，魏主如小沛；己未，如瑕丘；庚申，如鲁城，亲祠孔子；辛酉，拜孔氏四人、颜氏二人官，仍选诸孔宗子一人封崇圣侯，奉孔子祀，命兖州修孔子墓，更建碑铭。

戊辰，魏主如碻磝，命谒者仆射成淹具舟楫，欲自泗入河，溯流还洛。淹谏，以为「河流悍猛，非万乘所宜乘。」帝曰：「我以平城无漕运之路，故京邑民贫。今迁都洛

阳，欲通四方之运，而民犹惮河流之险；故朕有此行，所以开百姓之心也。」

魏城阳王鸾等攻赭阳，诸将不相统壹，围守百馀日，诸将欲按甲不战以疲之。李佐独昼夜攻击，士卒死者甚众，帝遣太子右卫率垣历生救之。诸将以众寡不敌，欲退，佐独帅骑二千逆战而败。卢渊等引去，历生追击，大破之。历生，荣祖之从弟也。南阳太守房伯玉等又败薛真度于沙堨。

鸾等见魏主于瑕丘。魏主责之曰：「卿等沮辱威灵，罪当大辟；朕以新迁洛邑，特从宽典。」五月，己巳，降封鸾为定襄县王，削户五百；卢渊、李佐、韦珍皆削官爵为民，佐仍徙瀛州。以薛真度与其从兄安都有开徐方之功，听存其爵及荆州刺史，馀皆削夺，曰：「进足明功，退足彰罪矣。」

魏广川刚王谐卒。谐，略之子也。魏主曰：「古者，大臣之丧有三临之礼；魏、晋以来，王公之丧，哭于东堂。自今诸王之丧，期亲三临；大功再临；小功、缌麻一临；罢东堂之哭。广川王于朕，大功也。」将大敛，素服、深衣往哭之。

甲戌，魏主如滑台；丙子，舍于石济。庚辰，太子出迎于平桃城。

赵郡王幹在洛阳，贪淫不法，御史中尉李彪私戒之，且曰：「殿下不悛，不敢不以闻。」幹悠然不以为意。彪表弹之。魏主诏幹与北海王详俱从太子诣行在。既至，见详而不见幹，阴使左右察其意色，知无忧悔，乃亲数其罪，杖之一百，免官还第。

癸未，魏主还洛阳，告于太庙。甲申，减冗官之禄以助军国之用。乙酉，行饮至之礼。班赏有差。

甲午，魏太子冠于庙。魏主欲变北俗，引见群臣，谓曰：「卿等欲朕远追商、周，为欲不及汉、晋邪？」咸阳王禧对曰：「群臣愿陛下度越前王耳。」帝曰：「然则当变风易俗，当因循守故邪？」对曰：「愿圣政日新。」帝曰：「为止于一身，为欲传之子孙邪？」对曰：「愿传之百世！」帝曰：「然则必当改作，卿等不得违也。」对曰：「上令下从，其谁敢违！」帝曰：「夫『名不正，言不顺，则礼乐不可兴。』今欲断诸北语，一从正音。其年三十已上，习性已久，容不可猝革。三十已下，见在朝廷之人，语音不听仍旧；若有故为，当加降黜。各宜深戒！王公卿士以为然不？」对曰：「实如圣旨。」帝曰：「朕尝与李冲论此，冲曰：『四方之语，竟知谁是；帝者言之，即为正矣。』冲之此言，其罪当死！」因顾冲曰：「卿负社稷，当令御史牵下！」冲免冠顿首谢。又责留守之官曰：「昨望见妇女犹服夹领小袖，卿等何为不遵前诏！」皆谢罪。帝曰：「朕言非是，卿等当庭争。如何入则顺旨，退则不从乎！」六月，己亥，下诏：「不得为北俗之语于朝廷。违者免所居官！」

癸卯，魏主使太子如平城赴太师熙之丧。

癸丑，魏诏求遗书，秘阁所无，有益时用者，加以优赏。

魏有司奏：「广川王妃葬于代都，未审以新尊从旧卑，以旧卑就新尊？」魏主曰：「代人迁洛者，宜悉葬邙山。其先有夫死于代者，听妻还葬；夫死于洛者，不得还代就妻。其馀州之人，自听从便。」丙辰，诏：「迁洛之民死，葬河南，不得还北。」于是代人迁洛者悉为河南洛阳人。

戊午，魏改用长尺、大斗，其法依《汉志》为之。

上之废郁林王也，许萧谌以扬州；既而除领军将军、南徐州刺史。谌恚曰：「见炊饭，推以与人。」谌恃功，颇干预朝政，所欲选用，辄命尚书使为申论。上闻而忌之，以萧诞、萧诔方将兵拒魏，隐忍不发。壬戌，上游华林园，与谌及尚书令王晏等数人宴，尽欢；坐罢，留谌晚出，至华林阁，仗身执还入省。上遣左右莫智明数谌曰：「隆昌之际，非卿无有今日。今一门二州，兄弟三封，朝廷相报，止可极此。卿恒怀怨望，乃云炊饭已熟，合甑与人邪！今赐卿死！」遂杀之，并其弟诔；以黄门郎萧衍为司州别驾，往执诞，杀之。谌好术数，吴兴沈文猷常语之曰：「君相不减高帝。」谌死，文猷亦伏诛。谌死之日，上又杀西阳王子明、南海王子罕、邵陵王子贞。

乙丑，以右卫将军萧坦之为领军将军。

魏高闾上言：「邺城密皇后庙颓圮，请更葺治；若谓已配飨太庙，即宜罢毁。」诏罢之。

魏拓跋英之寇汉中也，沮水氐杨馥之为齐击武兴氐杨集始，破之。秋，七月，辛卯，以馥之为北秦州刺史、仇池公。

八月，乙巳，魏选武勇之士十五万人为羽林、虎贲以充宿卫。

魏金墉宫成，立国子、太学、四门小学于洛阳。

魏高祖游华林园，观故景阳山，黄门侍郎郭祚曰：「山水者，仁智之所乐，宜复修之。」帝曰：「魏明帝以奢失之于前，朕岂可袭之于后乎！」帝好读书，手不释卷，在舆、据鞍，不忘讲道。善属文，多于马上口占，既成，不更一字；自太和十年以后，诏策皆自为之。好贤乐善，情如饥渴，所与游接，常寄以布素之意，如李冲、李彪、高闾、王肃、郭祚、宋弁、刘芳、崔光、邢峦之徒，皆以文雅见亲，贵显用事；制礼作乐，郁然可观，有太平之风焉。

治书侍御史薛聪，辩之曾孙也，弹劾不避强御，帝或欲宽贷者，聪辄争之。帝每曰：「朕见薛聪，不能不惮，何况诸人也！」自是贵戚敛手。累迁直阁将军，兼给事黄

门侍郎、散骑常侍，帝外以德器遇之，内以心膂为寄，亲卫禁兵，悉聪管领，故终太和之世，恒带直阁将军。群臣罢朝之后，聪恒陪侍帷幄，言兼昼夜，时政得失，动辄匡谏，事多听允；而重厚沉密，外莫窥其际。帝欲进以名位，辄苦让不受。帝亦雅相体悉，谓之曰：「卿天爵自高，固非人爵之所能荣也。」

九月，庚午，魏六宫、文武悉迁于洛阳。

丙戌，魏主如邺，屡至相州刺史高闾之馆，美其治效，赏赐甚厚。闾数请本州，诏曰：「间以悬车之年，方求衣锦，知进忘退，有尘谦德；可降号平北将军。朝之老成，宜遂情愿，徙授幽州刺史，令存劝两修，恩法并举。」以高阳王雍为相州刺史，戒之曰：「作牧亦易亦难：『其身正，不令而行』，所以易；『其身不正，虽令不从』，所以难。」

己丑，徙南平王宝攸为邵陵王，蜀郡王子文为西阳王，广汉王子峻为衡阳王，临海王昭秀为巴陵王，永嘉王昭粲为桂阳王。

乙未，魏主自邺还；冬，十月，丙辰，至洛阳。

壬戌，魏诏：「诸州精品属官，考其得失为三等以闻。」又诏：「徐、兖、光、南青、荆、洛六州，严纂戎备，应须赴集。」

十一月，丁卯，诏罢世宗东田，毁兴光楼。

己卯，纳太子妃褚氏，大赦。妃，澄之女也。

庚午，魏主如委粟山，定圜丘。己卯，帝引诸儒议圜丘礼。秘书令李彪建言：「鲁人将有事于上帝，必先有事于泮宫。请前一日告庙。」从之。甲申，魏主祀圜丘；丙戌，大赦。

十二月，乙未朔，魏主见群臣于光极堂，宣下品令，为大选之始。光禄勋于烈子登引例求迁官，烈上表曰：「方今圣明之朝，理应廉让，而臣子登引人求进；是臣素无教训，乞行黜落！」魏主曰：「此乃有识之言，不谓烈能办此！」乃引见登，谓曰：「朕将流化天下，以卿父有谦逊之美、直士之风，故进卿为太子翊军校尉。」又加烈散骑常侍，封聊城县子。

魏主谓群臣曰：「国家从来有一事可叹：臣下莫肯公言得失是也。夫人君患不能纳谏，人臣患不能尽忠。自今朕举一人，如有不可，卿等直言其失；若有才能而朕所不识，卿等亦当举之。如是，得人者有赏，不言者有罪，卿等当知之。」

丁酉，诏修晋帝诸陵，增置守卫。

甲子，魏主引见群臣于光极堂，颁赐冠服。

先是，魏人未尝用钱，魏主始命铸太和五铢。是岁，鼓铸粗备，诏公私用之。

魏以光城蛮帅田益光为南司州刺史，所统守宰，听其铨置。后更于新蔡立东豫州，以益光为刺史。

氐王杨炅卒。

三年（丙子，公元四九六年）

春，正月，丁卯，以杨炅子崇祖为沙州刺史，封阴平王。

魏主下诏，以为：「北人谓土为拓，后为跋。魏之先出于黄帝，以土德王，故为拓跋氏。夫土者，黄中之色，万物之元也；宜改姓元氏。诸功臣旧族自代来者，姓或重复，皆改之。」于是始改拔拔氏为长孙氏，达奚氏为奚氏，乙旃氏为叔孙氏，丘穆陵氏为穆氏，步六孤氏为陆氏，贺赖氏为贺氏，独孤氏为刘氏，贺楼氏为楼氏，勿忸于氏为于氏，尉迟氏为尉氏；其馀所改，不可胜纪。

魏主雅重门族，以范阳卢敏、清河崔宗伯、荥阳郑羲、太原王琼四姓，衣冠所推，咸纳其女以充后宫。陇西李冲以才识见任，当朝贵重，所结姻娅，莫非清望；帝亦以其女为夫人。诏黄门郎、司徒左长史宋弁定诸州士族，多所升降。又诏以「代人先无姓族，虽功贤之胤，无异寒贱；故宦达者位极公卿，其功、衰之亲仍居猥任。其穆、陆、贺、刘、楼、于、嵇、尉八姓，自太祖已降，勋著当世，位尽王公，灼然可知者，且下司州、吏部，勿充猥官，一同四姓。自此以外，应班士流者，寻续别敕。其旧为部落大人，而皇始已来三世官在给事已上及品登王公者为姓；若本非大人，而皇始已来三世官在尚书已上及品登王公者亦为姓。其大人之后而官不显者为族；若本非大人而官显者亦为族。凡此姓族，皆应审核，勿容伪冒。令司空穆亮、尚书陆琇等详定，务令平允。」琇，馛之子也。

魏旧制：王国舍人皆应娶八族及清修之门。咸阳王禧娶隶户为之，帝深责之，因下诏为六弟聘室：「前者所纳，可为妾媵。咸阳王禧，可聘故颍川太守陇西李辅女；河南王幹，可聘故中散大夫代郡穆明乐女；广陵王羽，可聘骠骑咨议参军荥阳郑平城女；颍川王雍，可聘故中书博士范阳卢神宝女；始平王勰，可聘廷尉卿陇西李冲女；北海王详，可聘吏部郎中荥阳郑懿女。」懿，羲之子也。

时赵郡诸李，人物尤多，各盛家风，故世之言高华者，以五姓为首。

众议以薛氏为河东茂族。帝曰：「薛氏，蜀也，岂可入郡姓！」直阁薛宗起执戟在殿下，出次对曰：「臣之先人，汉末仕蜀，二世复归河东，今六世相袭，非蜀人也。伏以陛下黄帝之胤，受封北土，岂可亦谓之胡邪！今不预郡姓，何以生为！」乃碎戟于

地。帝徐曰：『然则朕甲、卿乙乎？』乃入郡姓，仍曰：『卿非「宗起」，乃「起宗」也！』

帝与群臣论选调曰：『近世高卑出身，各有常分；此果如何？』李冲对曰：『未审上古以来，张官列位，为膏粱子弟乎，为致治乎？』帝曰：『欲为治耳。』冲曰：『然则陛下今日何为专取门品，不拔才能乎？』帝曰：『苟有过人之才，不患不知。然君子之门，借使无当世之用，要自德行纯笃，朕故用之。』冲曰：『傅说、吕望，岂可以门地得之！』帝曰：『非常之人，旷世乃有一二耳。』秘书令李彪曰：『陛下若专取门地，不审鲁之三卿，孰若四科？』著作佐郎韩显宗曰：『陛下岂可以贵袭贵，以贱袭贱！』帝曰：『必有高明卓然、出类拔萃者，朕亦不拘此制。』顷之，刘昶入朝，帝谓昶曰：『或言唯能是寄，不必拘门；朕以为不尔。何者？清浊同流，混齐一等，君子小人，名品无别，此殊为不可。我今八族以上士人，品第有九，九品之外，小人之官复有七等。若有其人，可起家为三公。正恐贤才难得，不可止为一人浑我典制也。』

臣光曰：选举之法，先门地而后贤才，此魏、晋之深弊，而历代相因，莫之能改也。夫君子、小人，不在于世禄与侧微。以今日视之，愚智所同知也。当是之时，虽魏孝文之贤，犹不免斯蔽。故夫明辩是非而不惑于世俗者，诚鲜矣！

壬辰，魏徙始平王勰为彭城王，复定襄县王鸾为城阳王。

二月，壬寅，魏诏：『群臣自非金革，听终三年丧。』

丙午，魏诏：『畿内七十已上，暮春赴京师行养老之礼。』三月，丙寅，宴群臣及国老、庶老于华林园。诏：『国老，黄耇已上，假中散大夫、郡守；耆年已上，假给事中、县令。庶老，直假郡、县，各赐鸠杖、衣裳。』

丁丑，魏诏：『诸州中正各举其乡之民望，年五十已上守素衡门者，授以令、长。』

壬午，诏：『乘舆有金银饰校者，皆剔除之。』

上志慕节俭。太官尝进裹蒸，上曰：『我食此不尽，可四破之，余充晚食。』又尝用皂荚，以余泺授左右曰：『此可更用。』太官元日上寿，有银酒铊，上欲坏之；王晏等咸称盛德，卫尉萧颖胄曰：『朝廷盛礼，莫若三元。此一器既是旧物，不足为侈。』上不悦。后预曲宴，银器满席。颖胄曰：『陛下前欲坏酒铊，恐宜移在此器。』上甚惭。

上躬亲细务，纲目亦密，于是郡县及六署、九府常行职事，莫不启闻，取决诏敕。文武勋旧，皆不归选部，亲戚凭藉，互相通进，人君之务过繁密。南康王侍郎颍川钟嵘上书言：『古者，明君揆才颁政，量能授职，三公坐而论道，九卿作而成务，天子唯恭己南面而已。』书奏，上不怿，谓太中大夫顾暠曰：『钟嵘何人，欲断朕机务！卿识之

不？』对曰：『嵘虽位末名卑，而所言或有可采。且繁碎职事，各有司存；今人主总而亲之，是人主愈劳而人臣愈逸，所谓「代庖人宰而为大匠斫」也。』上不顾而言他。

夏，四月，甲辰，魏广州刺史薛法护来降。

魏寇司州，栎城戍主魏僧珉拒破之。

五月，丙戌，魏营方泽于河阴。又诏汉、魏、晋诸帝陵，百步内禁樵苏。丁亥，魏主有事于方泽。

秋，七月，魏废皇后冯氏。初，文明太后欲其家贵重，简冯熙二女入掖庭，其一早卒，其一得幸于魏主，未几，有疾，还家为尼。及太后殂，帝立熙少女为皇后。既而其姊疾愈，帝思之，复迎入宫，拜左昭仪；后宠浸衰。昭仪自以年长，且先入宫，不率妾礼。后颇愧恨，昭仪因谮而废之。后素有德操，遂居瑶光寺为练行尼。

魏主以久旱，自癸未不食至于乙酉，群臣皆诣中书省请见。帝在崇虚楼，遣舍人辞焉，且问来故。豫州刺史王肃对曰：『今四郊雨已沾洽，独京城微少。细民未乏一餐而陛下辍膳三日，臣下惶惶，无复情地。』帝使舍人应之曰：『朕不食数日，犹无所感。比来中外贵贱，皆言四郊有雨，朕疑其欲相宽勉，未必有实。方将遣使视之，果如所言，即当进膳；如其不然，朕何以生为！当以身为万民塞咎耳！』是夕，大雨。

魏太子恂不好学，体素肥大，苦河南地热，常思北归。魏主赐之衣冠，恂常私著胡服。中庶子辽东高道悦数切谏，恂恶之。八月，戊戌，帝如嵩高，恂与左右密谋，召牧马轻骑奔平城，手刃道悦于禁中。领军元俨勒门防遏，入夜乃定。诘旦，尚书陆琇驰以启帝，帝大骇，秘其事，仍至汴口而还。

甲寅，入宫，引见恂，数其罪，亲与咸阳王禧等更代杖之百馀下，扶曳出外，囚于城西；月馀乃能起。

丁巳，魏相州刺史南安惠王桢卒。

九月，戊辰，魏主讲武于小平津；癸酉，还宫。

冬，十月，戊戌，魏诏：『军士自代来者，皆以为羽林、虎贲。司州民十二夫调一，吏以供公私力役。』

魏吐京胡反，诏朔州刺史元彬行汾州事，帅并、肆之众以讨之。彬，桢之子也。彬遣统军奚康生击叛胡，破之，追至车突谷，又破之，俘杂畜以万数。诏以彬为汾州刺史。胡去居等六百馀人保险不服，彬请兵二万以讨之，有司奏许之，魏主大怒曰：『小寇何有发兵之理！可随宜讨治。若不能克，必须大兵者，则先斩刺史，然后发兵！』彬大惧，督帅州兵，身先将士，讨去居，平之。

魏主引见群臣于清徽堂，议废太子恂。太子太傅穆亮、少保李冲免冠顿首谢。帝曰：「卿所谢者私也，我所议者国也！「大义灭亲」，古人所贵。今恂欲违父逃叛，跨据恒、朔，天下之恶孰大焉！若不去之，乃社稷之忧也。」闰月，丙寅，废恂为庶人，置于河阳无鼻城，以兵守之，服食所供，粗免饥寒而已。

戊辰，魏置常平仓。

戊寅，太子宝卷冠。

初，魏文明太后欲废魏主，穆泰切谏而止，由是有宠。及帝南迁洛阳，所亲任者多中州儒士，宗室及代人往往不乐。泰自尚书右仆射出为定州刺史，自陈久病，土温则甚，乞为恒州；帝为之徙恒州刺史陆睿为定州，以泰代之。泰至，睿未发，遂相与谋作乱，阴结镇北大将军乐陵王思誉、安乐侯隆、抚冥镇将鲁郡侯业、骁骑将军超等，共推朔州刺史阳平王颐为主。思誉，天赐之子；业，丕之弟；隆、超，皆丕之子也。睿以为洛阳休明，劝泰缓之，泰由是未发。

颐伪许泰等以安其意，而密以状闻。行吏部尚书任城王澄有疾，帝召见于凝闲堂，谓之曰：「穆泰谋为不轨，扇诱宗室。脱或必然，今迁都甫尔，北人恋旧，南北纷扰，朕洛阳不立也。此国家大事，非卿不能办。卿虽疾，强为我北行，审观其势。傥其微弱，

直往擒之；若已强盛，可承制发并、肆兵击之。」对曰：「泰等愚惑，正由恋旧，为此计耳，非有深谋远虑；臣虽驽怯，足以制之，愿陛下勿忧。虽有犬马之疾，何敢辞也！」帝笑曰：「任城肯行，朕复何忧！」遂授澄节、铜虎、竹使符、御仗左右，仍行恒州事。

行至雁门，雁门太守夜告云：「泰已引兵西就阳平。」澄遽令进发。右丞孟斌曰：「事未可量，宜依敕召并、肆兵，然后徐进。」澄曰：「泰既谋乱，应据坚城；而更迎阳平，度其所为，当似势弱。泰既不相拒，无故发兵，非宜也。但速往镇之，民心自定。」遂倍道兼行。先遣治书侍御史李焕单骑入代，出其不意，晓谕泰党，示以祸福，皆莫为之用。泰计无所出，帅麾下数百人攻焕，不克，走出城西；追擒之。澄亦寻至，穷治党与，收陆睿等百馀人，皆系狱，民间帖然。澄具状表闻，帝喜，召公卿，以表示之曰：「任城可谓社稷臣也。观其狱辞，正复皋陶何以过之！」顾谓咸阳王禧等曰：「汝曹当此，不能办也。」

魏主谋入寇，引见公卿于清徽堂，曰：「朕卜宅土中，纲条粗举；唯南寇未平，安能效近世天子下帷于深宫之中乎！朕今南征决矣，但未知早晚之期。比来术者皆云，今往必克。此国之大事，宜君臣各尽所见，勿以朕先言而依违于前，同异于后也。」李冲

对曰：『凡用兵之法，宜先论人事，后察天道。今卜筮虽吉而人事未备，迁都尚新，秋谷不稔，未可以兴师旅。如臣所见，宜俟来秋。』帝曰：『去十七年，朕拥兵二十万，此人事之盛也，而天时不利。今天时既从，复云人事未备，如仆射之言，是终无征伐之期也。寇戎咫尺，异日将为社稷之忧，朕何敢自安！若秋行不捷，诸君当尽付司寇，不可不尽怀也。』

魏主以有罪徙边者多逋亡，乃制一人逋亡，阖门充役。光州刺史博陵崔挺上书谏曰：『天下善人少，恶人多。若一人有罪，延及阖门，则司马牛受桓魋之罚，柳下惠婴盗跖之诛，岂不哀哉！』帝善之，遂除其制。

资治通鉴卷第一百四十一

齐纪七 起强圉赤奋若，尽著雍摄提格，凡二年。

高宗明皇帝下

建武四年（丁丑，公元四九七年）

春，正月，大赦。

丙申，魏立皇子恪为太子。魏主宴于清徽堂，语及太子恂，李冲谢曰：「臣忝师傅，不能辅导。」帝曰：「朕尚不能化其恶，师傅何谢也！」

乙巳，魏主北巡。

初，尚书令王晏为世祖所宠任，及上谋废郁林王，晏即欣然推奉。郁林王已废，上与晏宴于东府，语及时事，晏抵掌曰：「公常言晏怯，今定何如？」上即位，晏自谓佐命新朝，常非薄世祖故事。既居朝端，事多专决，内外要职，并用所亲，每与上争用人。上虽以事际须晏，而心恶之。尝料简世祖中诏，得与晏手敕三百馀纸，皆论国家事，又得晏启谏世祖以上领选事，以此愈猜薄之。始安王遥光劝上诛晏，上曰：「晏于我有功，且未有罪。」遥光曰：「晏尚不能为武帝，安能为陛下乎！」上默然。上遣腹心左右陈世范等出涂巷，采听异言。晏轻浅无防，意望开府，数呼相工自视，云当大贵；与宾客语，好屏人清闲。上闻之，疑晏欲反，遂有诛晏之意。

奉朝请鲜于文粲密探上旨，告晏有异志。世范又启上云：「晏谋因四年南郊，与世祖故主帅于道中窃发。」会虎犯郊坛，上愈惧。未郊一日，有敕停行，先报晏及徐孝嗣；孝嗣奉旨，而晏陈「郊祀事大，必宜自力。」上益信世范之言。丙辰，召晏于华林省，诛之，并北中郎司马萧毅、台队主刘明达，及晏子德元、德和。下诏云：「晏与毅、明达以河东王铉识用微弱，谋奉以为主，使守虚器。」晏弟诩为广州刺史，上遣南中郎司马萧季敞袭杀之。季敞，上之从祖弟也。萧毅奢豪，好弓马，为上所忌，故因事陷之。河东王铉先以年少才弱，故未为上所杀。铉朝见，常鞠躬俯偻，不敢平行直视。至是，年稍长，遂坐晏事免官，禁不得与外人交通。

郁林王之将废也，晏从弟御史中丞思远谓晏曰：「兄荷世祖厚恩，今一旦赞人如此事；彼或可以权计相须，未知兄将来何以自立！若及此引决，犹可保全门户，不失后名。」晏曰：「方啖粥，未暇此事。」及拜骠骑将军，集会子弟，谓思远兄思微曰：「隆昌之末，阿戎劝吾自裁；若从其语，岂有今日！」思远遽应曰：「如阿戎所见，今犹未晚也！」思远知上外待晏厚而内已疑异，乘间谓晏曰：「时事稍异，兄亦觉不？凡人多拙于自谋，而巧于谋人。」晏不应。思远退，晏方叹曰：「世乃有劝人死者！」旬日而

晏败。上闻思远言，故不之罪，仍迁侍中。

晏外弟尉氏阮孝绪亦知晏必败，晏屡至其门，逃匿不见。尝食酱美，问知得于晏家，吐而覆之。及晏败，人为之惧，孝绪曰：「亲而不党，何惧之有！」卒免于罪。

二月，壬戌，魏主至太原。

甲子，以左仆射徐孝嗣为尚书令，征虏将军萧季敞为广州刺史。

癸酉，魏主至平城，引见穆泰、陆睿之党问之，无一人称枉者；时人皆服任城王澄之明。穆泰及其亲党皆伏诛；赐陆睿死于狱，宥其妻子，徙辽西为民。

初，魏主迁都，变易旧俗，并州刺史新兴公丕皆所不乐；帝以其宗室耆旧，亦不之逼，但诱示大理，令其不生同异而已。及朝臣皆变衣冠，朱衣满坐，而丕独胡服于其间，晚乃稍加冠带，而不能修饰容仪，帝亦不强也。

太子恂自平城将迁洛阳，元隆与穆泰等密谋留恂，因举兵断关，规据陉北。丕在并州，隆等以其谋告之。丕外虑不成，口虽折难，心颇然之。及事觉，丕从帝至平城，帝每推问秦等，常令丕坐观。有司奏元业、元隆、元超罪当族，丕应从坐。帝以丕尝受诏许以不死，听免死为民，留其后妻、二子，与居于太原，杀隆、超、同产乙升，馀子徙敦煌。

初，丕、睿与仆射李冲、领军于烈俱受不死之诏。睿既诛，帝赐冲、烈诏曰：「睿反逆之志，自负幽冥；违誓在彼，不关朕也。反逆既异馀犯，虽欲矜恕，如何可得？然犹不忘前言，听自死别府，免其孥戮。元丕二子、一弟，首为贼端，连坐应死，特恕为民。朕本期始终而彼自弃绝，违心乖念，一何可悲！故此别示，想无致怪。谋反之外，皎如白日耳。」冲、烈皆上表谢。

臣光曰：夫爵禄废置，杀生予夺，人君所以驭臣之大柄也。是故先王之制，虽有亲、故、贤、能、功、贵、勤、宾，苟有其罪，不直赦也，必议于槐棘之下，可赦则赦，可宥则宥，可刑则刑，可杀则杀。轻重视情，宽猛随时。故君得以施恩而不失其威，臣得以免罪而不敢自恃。及魏则不然，勋贵之臣，往往豫许之以不死；彼骄而触罪，又从而杀之。是以不信之令诱之使陷于死地也。刑政之失，无此为大焉！

是时，代乡旧族，多与泰等连谋，唯于烈一族无所染涉，帝由是益重之。帝以北方酋长及侍子畏暑，听秋朝洛阳，春还部落，时人谓之「雁臣」。

三月，己酉，魏主南至离石。叛胡请降，诏宥之。

夏，四月，庚申，至龙门，遣使祀夏禹。癸亥，至蒲坂，祀虞舜。辛未，至长安。

魏太子恂既废，颇自悔过。御史中尉李彪密表恂复与左右谋逆，魏主使中书侍郎邢峦与咸阳王禧，奉诏赍椒酒诣河阳，赐恂死，敛以粗棺、常服，瘗于河阳。

癸未，魏大将军宋明王刘昶卒于彭城，追加九锡，葬以殊礼。

五月，己丑，魏主东还，泛渭入河。壬辰，遣使祀周文王于丰，武王于镐。六月，庚申，还洛阳。

壬戌，魏发冀、定、瀛、相、济五州兵二十万，将入寇。

魏穆泰之反也，中书监魏郡公穆罴与之通谋，赦后事发，削官爵为民。罴弟司空亮以府事付司马慕容契，上表自劾，魏主优诏不许；亮固请不已，癸亥，听亮逊位。

丁卯，魏分六师以定行留。

秋，七月，甲午，魏立昭仪冯氏为皇后。后欲母养太子恪，恪母高氏自代如洛阳，暴卒于共县。

戊辰，魏以穆亮为征北大将军、开府仪同三司、冀州刺史。

八月，丙辰，魏诏中外戒严。

壬戌，魏立皇子愉为京兆王，怿为清河王，怀为广平王。

追尊景皇所生王氏为恭太后。

甲戌，魏讲武于华林园；庚辰，军发洛阳。使吏部尚书任城王澄居守；以御史中丞李彪兼度支尚书，与仆射李冲参治留台事。假彭城王勰中军大将军，勰辞曰：『亲疏并用，古之道也。臣独何人，频烦宠授！昔陈思求而不允，愚臣不请而得，何否泰之相远也！』魏主大笑，执勰手曰：『二曹以才名相忌，吾与汝以道德相亲。』

上遣军主、直阁将军胡松助北襄城太守成公期戍赭阳，军主鲍举助西汝南、北义阳二郡太守黄瑶起戍舞阴。

魏以氐帅杨灵珍为南梁州刺史。灵珍举州来降，送其母及子于南郑以为质，遣其弟婆罗阿卜珍将步骑万馀袭魏武兴王杨集始，杀其二弟集同、集众；集始窘急，请降。九月，丁酉，魏主以河南尹李崇为都督陇右诸军事，将兵数万讨之。

初，魏迁洛阳，荆州刺史薛真度劝魏主先取樊、邓。真度引兵寇南阳，太守房伯玉击败之。魏主怒，以南阳小郡，志必灭之，遂引兵向襄阳；彭城王勰等三十六军前后相继，众号百万，吹唇沸地。辛丑，魏主留诸将攻赭阳，自引兵南下；癸卯，至宛，夜袭其郛，克之。房伯玉婴内城拒守。魏主遣中书舍人孙延景谓伯玉曰：『我今荡壹六合，非如向时冬来春去。不有所克，终不还北。卿此城当我六龙之首，无容不先攻取；远期一年，近止一月。封侯、枭首，事在俯仰，宜善图之！且卿有三罪，今令卿知：卿先事

武帝，蒙殊常之宠，不能建忠致命而尽节于其仇，罪一也；顷年薛真度来，卿伤我偏师，罪二也；今鸾辂亲临，不面缚麾下，罪三也。」伯玉遣军副乐稚柔对曰：「承欲攻围，期于必克。卑微常人，得抗大威，真可谓获其死所！外臣蒙武帝采拔，岂敢忘恩！但嗣君失德，主上光绍大宗，非唯副亿兆之深望，抑亦兼武皇之遗敕；是以区区尽节，不敢失坠。往者北师深入，寇扰边民，辄厉将士以修职业。反己而言，不应垂责。」

宛城东南隅沟上有桥，魏主引兵过之。伯玉使勇士数人，衣斑衣，戴虎头帽，伏于窦下，突出击之，魏主人马俱惊；召善射者原灵度射之，应弦而毙，乃得免。

李崇槎山分道，出氐不意，表里袭之；群氐皆弃杨灵珍散归。灵珍之众减太半，崇进据赤土。灵珍遣从弟建帅五千人屯龙门，自帅精勇一万屯鹫硖；龙门之北数十里中，伐树塞路；鹫硖之口，积大木，聚礌石，临崖下之，以拒魏兵。崇命统军慕容拒帅众五千从他路入，夜袭龙门，破之。崇自攻鹫硖，灵珍连战败走；俘其妻子，遂克武兴。梁州刺史阴广宗、参军郑猷等将兵救灵珍；崇进击，大破之，斩杨婆罗阿卜珍，生擒猷等；灵珍奔还汉中。魏主闻之，喜曰：「使朕无西顾之忧者，李崇也。」以崇为都督梁、秦二州诸军事、梁州刺史，以安集其地。

丁未，魏主发南阳，留太尉咸阳王禧等攻之。己酉，魏主至新野，新野太守刘思忌拒守。冬，十月，丁巳，魏军攻之，不克，筑长围守之，遣人谓城中曰：「房伯玉已降，汝何为独取糜碎！」思忌遣人对曰：「城中兵食犹多，未暇从汝小虏语也！」魏右军府长史韩显宗将别军屯赭阳，成公期遣胡松引蛮兵攻其营，显宗力战破之，斩其裨将高法援。显宗至新野，魏主谓曰：「卿破贼斩将，殊益军势。朕方攻坚城，何为不作露布？」对曰：「顷闻镇南将军王肃获贼二、三人，驴马数匹，皆为露布；臣在东观，私常哂之。近虽仰凭威灵，得摧丑虏，兵寡力弱，擒斩不多。脱复高曳长缣，虚张功烈，尤而效之，其罪弥大。臣所以不敢为之，解上而已。」魏主益贤之。

上诏徐州刺史裴叔业引兵救雍州。叔业启称：「北人不乐远行，唯乐钞掠。若侵虏境，则司、雍之寇自然分矣。」上从之。叔业引兵攻虹城，获男女四千馀人。

甲戌，遣太子中庶子萧衍、右军司马张稷救雍州。十一月，甲午，前军将军韩秀方等十五将降于魏。丁酉，魏败齐兵于沔北，将军王伏保等为魏所获。

丙辰，以杨灵珍为北秦州刺史、仇池公、武都王。

新野人张賭帅万馀家据栅拒魏。十二月，庚申，魏人攻拔之。雍州刺史曹虎与房伯玉不协，故缓救之，顿军樊城。

丁丑，诏遣度支尚书崔慧景救雍州，假慧景节，帅众二万、骑千匹向襄阳，雍州众

军并受节度。

庚午，魏主南临沔水；戊寅，还新野。

将军王昙纷以万馀人攻魏南青州黄郭戍，魏戍主崔僧渊破之，举军皆没。将军鲁康祚、赵公政将兵万人侵魏太仓口，魏豫州刺史王肃使长史清河傅永将甲士三千击之。康祚等军于淮南，永军于淮北，相去十馀里。永曰：『南人好夜斫营，必于渡淮之所置火以记浅处。』乃夜分兵为二部，伏于营外；又以瓠贮火，密使人过淮南岸，于深处置之，戒曰：『见火起，则亦然之。』是夜，康祚等果引兵斫永营；伏兵夹击之。康祚等走趣淮水，火既竞起，不知所从，溺死及斩首数千级，生擒公政，获康祚之尸以归。豫州刺史裴叔业侵魏楚王戍，肃复令永击之。永将心腹一人驰诣楚王戍，令填外堑，夜伏战士千人于城外。晓而叔业等至城东，部分将置长围。永伏兵击其后军，破之。叔业留将佐守营，自将精兵数千救之。永登门楼，望叔业南行数里，则开门奋击，大破之，获叔业伞扇、鼓幕、甲仗万馀。叔业进退失据，遂走。左右欲追之，永曰：『吾弱卒不满三千，彼精甲犹盛，非力屈而败，自坠吾计中耳。既不测我之虚实，足使丧胆。俘此足矣，何更追之！』魏主遣谒者就拜永安远将军、汝南太守，封贝丘县男。永有勇力，好学能文。魏主常叹曰：『上马能击贼，下马作露版，唯傅修期耳！』

曲江公遥欣好武事，上以诸子尚幼，内亲则仗遥欣兄弟，外亲则倚后弟西中郎长史彭城刘暄、内弟太子詹事江祏。故以始安王遥光为扬州刺史，居中用事；遥欣为都督荆、雍等七州诸军事、荆州刺史，镇据西面。而遥欣在江陵，多招才勇，厚自封殖，上甚恶之。遥欣侮南郡太守刘季连，季连密表遥欣有异迹；上乃以季连为益州刺史，使据遥欣上流以制之。季连，思考之子也。

是岁，高昌王马儒遣司马王体玄入贡于魏，请兵迎接，求举国内徙；魏主遣明威将军韩安保迎之，割伊吾之地五百里以居儒众。儒遣左长史顾礼、右长史金城麹嘉将步骑一千五百迎安保，而安保不至；礼、嘉还高昌，安保亦还伊吾。安保遣其属朝兴安等使高昌，儒复遣顾礼将世子义舒迎安保，至白棘城，去高昌百六十里。高昌旧人恋土，不愿东迁，相与杀儒，立麹嘉为王，复臣于柔然。安保独与顾礼、马义舒还洛阳。

永泰元年（戊寅，公元四九八年）

春，正月，癸未朔，大赦。

加中军大将军徐孝嗣开府仪同三司，孝嗣固辞。

魏统军李佐攻新野，丁亥，拔之，缚刘思忌，问之曰：『今欲降未？』思忌曰：『宁为南鬼，不为北臣！』乃杀之。于是沔北大震。戊子，湖阳戍主蔡道福，辛卯，赭阳戍

主成公期，壬辰，舞阴戍主黄瑶起、南乡太守席谦，相继南遁。瑶起为魏所获，魏主以赐王肃，肃脔而食之。乙巳，命太尉陈显达救雍州

上有疾，以近亲寡弱，忌高、武子孙。时高、武子孙犹有十王，每朔望入朝，上还后宫辄叹息曰：「我及司徒诸子皆不长，高、武子孙日益长大！」上欲尽除高、武之族，以微言问陈显达，对曰：「此等岂足介虑！」以问扬州刺史始安王遥光，遥光以为当以次施行。遥光有足疾，上常令乘舆自望贤门入。每与上屏人久语毕，上索香火，呜咽流涕，明日必有所诛。会上疾暴甚，绝而复苏，遥光遂行其策。丁未，杀河东王铉、临贺王子岳、西阳王子文、永阳王子峻、南康王子琳、衡阳王子珉、湘东王子建、南郡王子夏、桂阳王昭粲、巴陵王昭秀，于是太祖、世祖及世宗诸子皆尽矣。铉等已死，乃使公卿奏其罪状，请诛之，下诏不许；再奏，然后许之。南康侍读济阳江泌哭子琳，泪尽，继之以血；亲视殡葬毕，乃去。

庚戌，魏主如南阳。二月，癸丑，诏左卫将军萧惠休等救寿阳。甲子，魏人拔宛北城，房伯玉面缚出降。伯玉从父弟思安为魏中统军，数为伯玉泣请，魏主乃赦之。庚午，魏主如新野。辛巳，以彭城王勰为使持节、都督南征诸军事、中军大将军、开府仪同三司。

三月，壬午朔，崔慧景、萧衍大败于邓城。时慧景至襄阳，五郡已没，慧景与衍及军主刘山阳、傅法宪等帅五千馀人进行邓城，魏数万骑奄至，诸军登城拒守。时将士蓐食轻行，皆有饥惧之色。衍欲出战，慧景曰：「虏不夜围人城，待日暮自当去。」既而魏众转至。慧景于南门拔军去，诸军不相知，相继皆遁。魏兵自北门入，刘山阳与部曲数百人断后死战，且战且却行。慧景过闹沟，军人相蹈藉，桥皆断坏。魏兵夹路射之，杀傅法宪，士卒赴沟死者相枕，山阳取袄仗填沟乘之，得免。魏主将大兵追之，晡时至沔。山阳据城苦战，至暮，魏兵乃退。诸军恐惧，是夕，皆下船还襄阳。

庚寅，魏主将十万众，羽仪华盖，以围樊城，曹虎闭门自守。魏主临沔水，望襄阳岸，乃去，如湖阳；辛亥，如悬瓠。

魏镇南将军王肃攻义阳，裴叔业将兵五万围涡阳以救义阳。魏南兖州刺史济北孟表守涡阳，粮尽，食草木皮叶。叔业积所杀魏人高五丈以示城内，别遣军主萧璝等攻龙亢，魏广陵王羽救之。叔业引兵击羽，大破之，追获其节。魏主使安远将军傅永、征虏将军刘藻、假辅国将军高聪等救涡阳，并受王肃节度。叔业进击，大破之，聪奔悬瓠，永收散卒徐还。叔业再战，凡斩首万级，俘三千馀人，获器械杂畜财物以千万计。魏主命锁三将诣悬瓠。刘藻、高聪免死，徙平州；傅永夺官爵；黜王肃为平南将军。肃表请

更遣军救涡阳，魏主报曰：『观卿意，必以藻等新败，故难于更往。朕今少分兵则不足制敌，多分兵则禁旅有阙，卿审图之。义阳当止则止，当下则下；若失涡阳，卿之过也。』肃乃解义阳之围，与统军杨大眼、奚康生等步骑十馀万救涡阳。叔业见魏兵盛，夜，引军退；明日，士众奔溃，魏人追之，杀伤不可胜数。叔业还保涡口。

初，魏中尉李彪，家世孤微，朝无亲援；初游代都，以清渊文穆公李冲好士，倾心附之。冲亦重其材学，礼遇甚厚，荐于魏主，且为之延誉于朝，公私汲引。及为中尉，弹劾不避贵戚，魏主贤之，以比汲黯。彪自以结知人主，不复藉冲，稍稍疏之，唯公坐敛袂而已，无复宗敬之意，冲浸衔之。

及魏主南伐，彪与冲及任城王澄共掌留务。彪性刚豪，意议多所乖异，数与冲争辩，形于声色；自以身为法官，他人莫能纠劾，事多专恣。冲不胜忿，乃积其前后过恶，禁彪于尚书省，上表劾彪：『违傲高亢，公行僭逸，坐舆禁省，私取官材，辄驾乘黄，无所惮慑。臣辄集尚书已下、令史已上于尚书都座，以彪所犯罪状告彪，讯其虚实，彪皆伏罪。请以见事免彪所居职，付廷尉治罪。』冲又表称：『臣与彪相识以来，垂二十载。见其才优学博，议论刚正，愚意诚谓拔萃公清之人。后稍察其为人酷急，犹谓益多损少。自大驾南行以来，彪兼尚书，日夕共事，始知其专恣无忌，尊身忽物；听其言如振古忠恕之贤，校其行实天下佞暴之贼。臣与任城卑躬曲己，若顺弟之奉暴兄，其所欲者，事虽非理，无不屈从。依事求实，悉有成验。如臣列得实，宜殛彪于北荒，以除乱政之奸；所引无证，宜投臣于四裔，以息青蝇之谮。』冲手自作表，家人不知。帝览表，叹怅久之，曰：『不意留台乃至于此！』既而曰：『道固可谓溢矣，而仆射亦为满也。』黄门侍郎宋弁素怨冲，而与彪同州相善，阴左右之。有司处彪大辟，帝宥之，除名而已。

冲雅性温厚，及收彪之际，亲数彪前后过失，瞋目大呼，投折几案，御史皆泥首面缚。冲詈辱肆口，遂发病荒悸，言语错缪，时扼腕大骂，称『李彪小人』，医药皆不能疗，或以为肝裂，旬馀而卒。帝哭之，悲不自胜，赠司空。

冲勤敏强力，久处要剧，文案盈积，终日视事，未尝厌倦，职业修举，才四十而发白。兄弟六人，凡四母，少时每多忿竞。及冲贵，禄赐皆与共之，更成敦睦。然多援引族姻，私以官爵，一家岁禄万匹有馀，时人以此少之。

魏主以彭城王勰为宗师，诏使督察宗室，有不帅教者以闻。

夏，四月，甲寅，改元。

大司马会稽太守王敬则，自以高、武旧将，必不自安。上虽外礼甚厚，而内相疑

备，数访问敬则饮食，体干堪宜。闻其衰老，且以居内地，故得少宽。前二岁，上遣领军将军萧坦之将斋仗五百人行武进陵，敬则诸子在都，忧怖无计。上知之，遣敬则世子仲雄入东安尉之。

仲雄善琴，上以蔡邕焦尾琴借之。仲雄于御前鼓琴作《懊侬歌》，曰：『常叹负情侬，郎今果行许。』又曰：『君行不净心，那得恶人题！』上愈猜愧。

上疾屡危，乃以光禄大夫张瑰为平东将军、吴郡太守，置兵佐以密防敬则。中外传言，当有异处分。敬则闻之，窃曰：『东今有谁，只是欲平我耳；东亦何易可平！吾终不受金罂！』金罂，谓鸩也。

敬则女为徐州行事谢朓妻，敬则子太子洗马幼隆遣正员将军徐岳以情告朓：『为计若同者，当往报敬则。』朓执岳，驰启以闻。敬则城局参军徐庶，家在京口，其子密以报庶，庶以告敬则五官掾王公林。公林，敬则族子也，常所委信。公林劝敬则急送启赐儿死，单舟星夜还都。敬则令司马张思祖草启，既而曰：『若尔，诸郎在都，要应有信，且忍一夕。』

其夜，呼僚佐文武樗蒲，谓众曰：『卿诸人欲令我作何计？』莫敢先答。防阁丁兴怀曰：『官祇应作尔！』敬则不应。明旦，召山阴令王询、台传御史钟离祖愿，敬则横刀跂坐，问询等：『发丁可得几人？库见有几钱物？』询称『县丁猝不可集』；祖愿称『库物多未输入』。敬则怒，将出斩之，王公林又谏曰：『凡事皆可悔，唯此事不可悔；官讵不更思！』敬则唾其面曰：『我作事，何关汝小子！』丁卯，敬则举兵反，招集配衣，二三日便发。

前中书令何胤，弃官隐居若邪山，敬则欲劫以为尚书令。长史王弄璋等谏曰：『何令高蹈，必不从；不从，便应杀之。举大事先杀名贤，事必不济。』敬则乃止。胤，尚之之孙也。

庚午，魏发州郡兵二十万人，期八月中旬集悬瓠。

魏赵郡灵王干卒。

上闻王敬则反，收王幼隆及其兄员外郎世雄、记室参军季哲、其弟太子舍人少安等，皆杀之。长子黄门郎元迁将千人在徐州击魏，敕徐州刺史徐玄庆杀之。前吴郡太守南康侯子恪，嶷之子也，敬则起兵，以奉子恪为名；子恪亡走，未知所在。始安王遥光劝上尽诛高、武子孙，于是悉召诸王侯入宫。晋安王宝义江陵公宝览等处中书省，高、武诸孙处西省，敕人各从左右两人；过此依军法；孩幼者与乳母俱入。其夜，令太医煮椒二斛，都水办棺材数十具，须三更，当尽杀之。子恪徒跣自归，二更达建阳门，刺

启。时刻已至，而上眠不起，中书舍人沈徽孚与上所亲左右单景隽共谋少留其事。须臾，上觉，景隽启子恪已至。上惊问曰：『未邪？未邪？』景隽具以事对。上抚床曰：『遥光几误人事！』乃赐王侯供馔，明日，悉遣还第。以子恪为太子中庶子。宝览，缅之子也。

敬则帅实甲万人过浙江。张瑰遣兵三千拒敬则于松江，闻敬则军鼓声，一时散走，瑰弃郡，逃民间。敬则以旧将举事，百姓担篙荷锸，随之者十馀万众；至晋陵，南沙人范修化杀县令公上延孙以应之。敬则至武进陵口，恸哭而过。乌程丘仲孚为曲阿令，敬则前锋奄至，仲孚谓吏民曰：『贼乘胜虽锐，而乌合易离。今若收船舰，凿长冈埭，泻渎水以阻其路，得留数日，台军必至，如此，则大事济矣。』敬则军至，值渎涸，果顿兵不得进。

五月，壬午，诏前军司马左兴盛、后军将军崔恭祖、辅国将军刘山阳、龙骧将军、马军主胡松筑垒于曲阿长冈；右仆射沈文季为持节都督，屯湖头，备京口路。恭祖，慧景之族也。敬则急攻兴盛、山阳二垒，台军不能敌，欲退，而围不开，各死战。胡松引骑兵突其后，白丁无器仗，皆惊散。敬则军大败，索马再上，不能得，崔恭祖刺之仆地，兴盛军客袁文旷斩之。乙酉，传首建康。

是时上疾已笃，敬则仓猝东起，朝廷震惧。太子宝卷使人上屋，望见征虏亭失火，谓敬则至，急装欲走。敬则闻之，喜曰：『檀公三十六策，走为上策，计汝父子唯有走耳！』盖时人讥檀道济避魏之语也。敬则之来，声势甚盛，裁少日而败。

台军讨贼党，晋陵民以附敬则应死者甚众。太守王瞻上言：『愚民易动，不足穷法。』上许之，所全活以万数。瞻，弘之从孙也。

上赏谢朓之功，迁尚书吏部郎。朓上表三让，上不许。中书疑朓官未及让，国子祭酒沈约曰：『近世小官不让，遂成恒俗。谢吏部今授超阶，让别有意。夫让出人情，岂关官之大小邪！』朓妻常怀刃欲杀朓，朓不敢相见。

秋，七月，魏彭城王勰表以一岁国秩、职俸、亲恤裨军国之用。魏主诏曰：『割身存国，理为远矣。职俸便停，亲、国听三分受一。』壬午，又诏损皇后私府之半，六宫嫔御、五服男女供恤亦减半，在军者三分省一，以给军赏。

癸卯，以太子中庶子萧衍为雍州刺史。

己酉，上殂于正福殿。遗诏：『徐令可重申前命。沈文季可左仆射，江祏可右仆射，江祀可侍中，刘暄可卫尉。军政可委陈太尉；内外众事，无大小委徐孝嗣、遥光、坦之、江祏，其大事与沈文季、江祀、刘暄参怀。心膂之任可委刘悛、萧惠休、崔慧

[illegible]

景。」

上性猜多虑，简于出入，竟不郊天。又深信巫觋，每出先占利害。东出云西，南出云北。初有疾，甚秘之，听览不辍。久之，敕台省文簿中求白鱼以为药，外始知之。

太子即位。

八月，辛亥，魏太子自洛阳朝于悬瓠。

壬子，奉朝请邓学以齐兴郡降魏。

魏主之入寇也，遣使发高车兵。高车惮远役，奉袁纥树者为主，相帅北叛。魏主遣征北将军宇文福讨之，大败而还，福坐黜官。更命平北将军江阳王继都督北讨诸军事以讨之，自怀朔以东悉禀节度，仍摄镇平城。继，熙之曾孙也。

八月，葬明皇帝于兴安陵，庙号高宗。东昏侯恶灵在太极殿，欲速葬。徐孝嗣固争，得逾月。帝每当哭，辄云喉痛。太中大夫羊阐入临，无发，号恸俯仰，帻遂脱地。帝辍哭大笑，谓左右曰：「秃鹙啼来乎！」

九月，己亥，魏主闻高宗殂，下诏称「礼不伐丧」，引兵还。庚子，诏北伐高车。

魏主得疾甚笃，旬日不见侍臣，左右唯彭城王勰等数人而已。勰内侍医药，外总军国之务，远近肃然，人无异议。右军将军丹阳徐謇善医，时在洛阳，急召之。既至，勰涕泣执手谓曰：「君能已至尊之疾，当获意外之赏；不然，有不测之诛。非但荣辱，乃系存亡。」勰又密为坛于汝水之滨，依周公故事，告天地及显祖，乞以身代魏主。魏主疾有间，丙午，发悬瓠，舍于汝滨，集百官，坐徐謇于上席，称扬其功，除鸿胪卿，封金乡县伯，赐钱万缗；诸王别饷赉，各不减千匹。

冬，十一月，辛巳，魏主如邺。

戊子，立妃褚氏为皇后。

魏江阳王继上言：「高车顽昧，避役遁逃，若悉追戮，恐遂扰乱。请遣使，镇别推检，斩魁首一人，自馀加以慰抚。若悔悟从役者，即令赴军。」诏从之。于是叛者往往自归。继先遣人慰谕树者。树者亡入柔然，寻自悔，相帅出降。魏主善之，曰：「江阳可大任也。」十二月，甲寅，魏主自邺班师。

林邑王诸农入朝，海中值风，溺死，以其子文款为林邑王。

資治通鑑 卷第一百四十一

林邑王諸農入朝，海中遇風，溺死。以其子文款為林邑王。

资治通鉴卷第一百四十二

齐纪八 屠维单阏，一年。

东昏侯上

永元元年（己卯，公元四九九年）

春，正月，戊寅朔，大赦，改元。

太尉陈显达督平北将军崔慧景军四万击魏，欲复雍州诸郡；癸未，魏遣前将军元英拒之。

乙酉，魏主发邺。

辛卯，帝祀南郊。

戊戌，魏主至洛阳，过李冲冢。时卧疾，望之而泣；见留守官，语及冲，辄流涕。

魏主谓任城王澄曰：『朕离京以来，旧俗少变不？』对曰：『圣化日新。』帝曰：『朕入城，见车上妇人犹戴帽、著小袄，何谓日新！』对曰：『著者少，不著者多。』帝曰：『任城，此何言也！必欲使满城尽著邪！』澄与留守官皆免冠谢。

甲辰，魏大赦。魏主之幸邺也，李彪迎拜于邺南，且谢罪。帝曰：『朕欲用卿，思李仆射而止。』慰而遣之。会御史台令史龙文观告：『太子恂被收之日，有手书自理，彪不以闻。』尚书表收彪赴洛阳。帝以为彪必不然；以牛车散载诣洛阳，会赦，得免。

魏太保齐郡灵王简卒。

二月，辛亥，魏以咸阳王禧为太尉。

魏主连年在外，冯后私于宦官高菩萨。及帝在悬瓠病笃，后益肆意无所惮，中常侍双蒙等为之心腹。

彭城公主为宋王刘昶之妇，寡居。后为其母弟北平公冯夙求婚，帝许之；公主不愿，后强之。公主密与家僮冒雨诣悬瓠，诉于帝，且具道后所为。帝疑而秘之。后闻之，始惧。阴与母常氏使女巫厌祷，曰：『帝疾若不起，一旦得如文明太后辅少主称制者，当赏报不赀。』

帝还洛，收高菩萨、双蒙等，案问，具伏。帝在含温室，夜引后入，赐坐东楹，去御榻二丈馀，命菩萨等陈状。既而召彭城王勰、北海王详入坐，曰：『昔为汝嫂，今是路人，但入勿避！』又曰：『此妪欲手刃吾胁！吾以文明太后家女，不能废，但虚置宫中，有心庶能自死；汝等勿谓吾犹有情也。』二王出，赐后辞诀；后再拜，稽首涕泣。入居后宫。诸嫔御奉之犹如后礼，唯命太子不复朝谒而已。

初，冯熙以文明太后之兄尚恭宗女博陵长公主。熙有三女，二为皇后，一为左昭

仪，由是冯氏贵宠冠群臣，赏赐累巨万。公主生二子：诞、修。熙为太保，诞为司徒，修为侍中、尚书，庶子聿为黄门郎。黄门侍郎崔光与聿同直，谓聿曰：「君家富贵太盛，终必衰败。」聿曰：「我家何所负，而君无故诅我！」光曰：「不然。物盛必衰，此天地之常理。若以古事推之，不可不慎。」后岁馀而修败。修性浮竞，诞屡戒之，不悛，乃白于太后及帝而杖之。修由是恨诞，求药，使诞左右毒之。事觉，帝欲诛之，诞自引咎，恳乞其生。帝亦以其父老，杖修百馀，黜为平城民。及诞、熙继卒，幽后寻废，聿亦摈弃，冯氏遂衰。

癸亥，魏以彭城王勰为司徒。

陈显达与魏元英战，屡破之。攻马圈城四十日，城中食尽，啖死人肉及树皮。癸酉，魏人突围走，斩获千计。显达入城，将士竞取城中绢，遂不穷追。显达又遣军主庄丘黑进击南乡，拔之。

魏主谓任城王澄曰：「显达侵扰，朕不亲行，无以制之。」三月，庚辰，魏主发洛阳，命于烈居守，以右卫将军宋弁兼祠部尚书，摄七兵事以佐之。弁精勤吏治，恩遇亚于李冲。

癸未，魏主至梁城。崔慧景攻魏顺阳，顺阳太守清河张烈固守；甲申，魏主遣振威将军慕容平城将骑五千救之。

自魏主有疾，彭城王勰常居中侍医药，昼夜不离左右，饮食必先尝而后进，蓬首垢面，衣不解带。帝久疾多忿，近侍失指，动欲诛斩。勰承颜伺间，多所匡救。

丙戌，以勰为使持节、都督中外诸军事。勰辞曰：「臣侍疾无暇，安能治军！愿更请一王，使总军要，臣得专心医药。」帝曰：「侍疾、治军，皆凭于汝。吾病如此，深虑不济；安六军、保社稷者，舍汝而谁！何容方更请人以违心寄乎！」

丁酉，魏主至马圈，命荆州刺史广阳王嘉断均口，邀齐兵归路。嘉，建之子也。

陈显达引兵渡水西，据鹰子山筑城；人情沮恐，与魏战，屡败。魏武卫将军元嵩免胄陷陈，将士随之，齐兵大败。嵩，澄之弟也。

戊戌，夜，军主崔恭祖、胡松以乌布幔盛显达，数人担之，间道自分碛山出均水口南走。己亥，魏收显达军资亿计，班赐将士，追奔至汉水而还。左军将军张千战死，士卒死者三万馀人。

显达之北伐，军入汮均口。广平冯道根说显达曰：「汮均水迅急，易进难退；魏若守隘，则首尾俱急。不如悉弃船于酇城，陆道步进，列营相次，鼓行而前，破之必矣。」显达不从。道根以私属从军，及显达夜走，军人不知山路，道根每及险要，辄停马指示

之，众赖以全。诏以道根为汋均口戍副。显达素有威名，至是大损。御史中丞范岫奏免显达官，显达亦自表解职；皆不许，更以显达为江州刺史。崔慧景亦弃顺阳走还。

庚子，魏主疾甚，北还，至谷塘原，谓司徒勰曰：『后宫久乖阴德，吾死之后，可赐自尽，葬以后礼，庶免冯门之丑。』又曰：『吾病益恶，殆必不起。虽摧破显达，而天下未平，嗣子幼弱，社稷所倚，唯在于汝。霍子孟、诸葛孔明以异姓受顾托，况汝亲贤，可不勉之！』勰泣曰：『布衣之士，犹为知己毕命；况臣托灵先帝，依陛下之末光乎！但臣以至亲，久参机要，宠灵辉赫，海内莫及；所以敢受而不辞，正恃陛下日月之明，恕臣忘退之过耳。今复任以元宰，总握机政；震主之声，取罪必矣。昔周公大圣，成王至明，犹不免疑，而况臣乎！如此，则陛下爱臣，更为未尽始终之美。』帝默然久之，曰：『详思汝言，理实难夺。』乃手诏太子曰：『汝叔父勰，清规懋赏，与白云俱洁；厌荣舍绂，以松竹为心。吾少与绸缪，未忍暌离。百年之后，其听勰辞蝉舍冕，遂其冲挹之性。』以侍中、护军将军北海王详为司空，镇南将军王肃为尚书令，镇南大将军广阳王嘉为左仆射，尚书宋弁为吏部尚书，与侍中、太尉禧、尚书右仆射澄等六人辅政。

夏，四月，丙午朔，殂于谷塘原。

高祖友爱诸弟，终始无间。尝从容谓咸阳王禧等曰：『我后子孙解逅不肖，汝等观望，可辅则辅之，不可辅则取之，勿为他人有也。』亲任贤能，从善如流，精勤庶务，朝夕不倦。常曰：『人主患不能处心公平，推诚于物。能是二者，则胡、越之人皆可使如兄弟矣。』用法虽严，于大臣无所容贷，然人有小过，常多阔略。尝于食中得虫，又左右进羹误伤帝手，皆笑而赦之。天地五郊、宗庙二分之祭，未尝不身亲其礼。每出巡游及用兵，有司奏修道路，帝辄曰：『粗修桥梁，通车马而已，勿去草铲令平也。』在淮南行兵，如在境内，禁士卒无得践伤粟稻；或伐民树以供军用，皆留绢偿之。宫室非不得已不修，衣弊，浣濯而服之，鞍勒用铁木而已。幼多力善射，能以指弹碎羊骨，射禽兽无不命中；及年十五，遂不复畋猎。常谓史官曰：『时事不可以不直书。人君威福在己，无能制之者；若史策复不书其恶，将何所畏忌邪！』

彭城王勰与任城王澄谋，以陈显达去尚未远，恐其覆相掩逼，乃秘不发丧，徙御卧舆，唯二王与左右数人知之。勰出入神色无异，奉膳，进药，可决外奏，一如平日。数日，至宛城，夜，进卧舆于郡听事，得加棺敛，还载卧舆内，外莫有知者。遣中书舍人张儒奉诏征太子；密以凶问告留守于烈。烈处分行留，举止无变。太子至鲁阳，遇梓宫，乃发丧；丁巳，即位，大赦。

彭城王勰跪授遗敕数纸。东宫官属多疑勰有异志，密防之，而勰推诚尽礼，卒无间隙。咸阳王禧至鲁阳，留城外以察其变。久之，乃入，谓勰曰：『汝此行不唯勤劳，亦实危险。』勰曰：『兄年长识高，故知有夷险；彦和握蛇骑虎，不觉艰难。』禧曰：『汝恨吾后至耳。』

勰等以高祖遗诏，赐冯后死。北海王详使长秋卿白整入授后药，后走呼，不肯饮，曰：『官岂有此，是诸王辈杀我耳！』整执持强之，乃饮药而卒。丧至洛城南，咸阳王禧等知后审死，相视曰：『设无遗诏，我兄弟亦当决策去之；岂可令失行妇人宰制天下，杀我辈也！』谥曰幽皇后。

五月，癸亥，加抚军大将军始安王遥光开府仪同三司。

丙申，魏葬孝文帝于长陵，庙号高祖。

魏世宗欲以彭城王勰为相；勰屡陈遗旨，请遂素怀，帝对之悲恸。勰恳请不已，乃以勰为使持节、侍中、都督冀、定等七州诸军事、骠骑大将军、开府仪同三司、定州刺史。勰犹固辞，帝不许，乃之官。

魏任城王澄以王肃羁旅，位加己上，意颇不平。会齐人降者严叔懋告肃谋逃还江南，澄辄禁止肃，表称谋叛；案验无实。咸阳王禧等奏澄擅禁宰辅，免官还第，寻出为雍州刺史。

六月，戊辰，魏追尊皇妣高氏为文昭皇后，配飨高祖，增修旧冢，号终宁陵。追赐后父飏爵勃海公，谥曰敬，以其嫡孙猛袭爵；封后兄肇为平原公，肇弟显为澄城公；三人同日受封。魏主素未识诸舅，始赐衣帻引见，皆惶惧失措；数日之间，富贵赫奕。

秋，八月，戊申，魏用高祖遗诏，三夫人以下皆遣还家。

帝自在东宫，不好学，唯嬉戏无度；性重涩少言。及即位，不与朝士相接，专亲信宦官及左右御刀、应敕等。

是时，扬州刺史始安王遥光、尚书令徐孝嗣、右仆射江祏、右将军萧坦之、侍中江祀、卫尉刘暄更直内省，分日帖敕。雍州刺史萧衍闻之，谓从舅录事参军范阳张弘策曰：『一国三公犹不堪，况六贵同朝，势必相图，乱将作矣。避祸图福，无如此州，但诸弟在都，恐罹世患，当更与益州图之耳。』乃密与弘策修武备，他人皆不得预谋。招聚骁勇以万数，多伐材竹，沉之檀溪，积茅如冈阜，皆不之用。中兵参军东平吕僧珍觉其意，亦私具橹数百张。先是，僧珍为羽林监，徐孝嗣欲引置其府，僧珍知孝嗣不能久，固求从衍。是时，衍兄懿罢益州刺史还，仍行郢州事，衍使弘策说懿曰：『今六贵比肩，人自画敕，争权睚眦，理相图灭。主上自东宫素无令誉，媟近左右，慓轻忍

虐，安肯委政诸公，虚坐主诺！嫌忌积久，必大行诛戮。始安欲为赵王伦，形迹已见；然性猜量狭，徒为祸阶。萧坦之忌克陵人，徐孝嗣听人穿鼻，江祏无断，刘暄暗弱；一朝祸发，中外土崩，吾兄弟幸守外藩，宜为身计；及今猜防未生，当悉召诸弟，恐异时拔足无路矣。郢州控带荆、湘，雍州士马精强，世治则竭诚本朝，世乱则足以匡济；与时进退，此万全之策也。若不早图，后悔无及。」弘策又自说懿曰：「以卿兄弟英武，天下无敌，据郢、雍二州，为百姓请命，废昏立明，易于反掌，此桓、文之业也。勿为竖子所欺，取笑身后。雍州揣之已熟，愿善图之！」懿不从。衍乃迎其弟骠骑外兵参军伟及西中郎外兵参军憺至襄阳。

初，高宗虽顾命群公，而多寄腹心在江祏兄弟。二江更直殿内，动止关之。帝稍欲行意，徐孝嗣不能夺，萧坦之时有异同，而祏执制坚确，帝深忿之。帝左右会稽茹法珍、吴兴梅虫儿等，为帝所委任，祏常裁折之，法珍等切齿。徐孝嗣谓祏曰：「主上稍有异同，讵可尽相乖反！」祏曰：「但以见付，必无所忧。」

帝失德浸彰，祏议废帝，立江夏王宝玄。刘暄尝为宝玄郢州行事，执事过刻。有人献马，宝玄欲观之，暄曰：「马何用观！」妃索煮肫，帐下咨暄，暄曰：「旦已煮鹅，不烦复此。」宝玄恚曰：「舅殊无渭阳情。」暄由是忌宝玄，不同祏议，更欲立建安王宝寅。祏密谋于始安王遥光，遥光自以年长，欲自取，以微旨动祏。祏弟祀亦以少主难保，劝祏立遥光。祏意回惑，以问萧坦之。坦之时居母丧，起复为领军将军，谓祏曰：「明帝立，已非次，天下至今不服。若复为此，恐四方瓦解，我期不敢言耳。」遂还宅行丧。

祏、祀密谓吏部郎谢朓曰：「江夏年少，脱不堪负荷，岂可复行废立！始安年长，入纂不乖物望。非以此要富贵，政是求安国家耳。」遥光又遣所亲丹阳丞南阳刘沨密致意于朓，欲引以为党，朓不答。顷之，遥光以朓兼知卫尉事，朓惧，即以祏谋告太子右卫率左兴盛，兴盛不敢发。朓又说刘暄曰：「始安一旦南面，则刘沨、刘晏居卿今地，但以卿为反覆人耳。」晏者，遥光城局参军也。暄阳惊，驰告遥光及祏。遥光欲出朓为东阳郡，朓常轻祏，祏固请除之。遥光乃收朓付廷尉，与孝嗣、祏、暄等连名启「朓扇动内外，妄贬乘舆，窃论宫禁，间谤亲贤，轻议朝宰。」朓遂死狱中。

暄以遥光若立，己失元舅之尊，不肯同祏议；故祏迟疑久不决。遥光大怒，遣左右黄昙庆刺暄于青溪桥。昙庆见暄部伍多，不敢发；暄觉之，遂发祏谋，帝命收祏兄弟。时祀直内殿，疑有异，遣信报祏曰：「刘暄似有异谋。今作何计？」祏曰：「政当静以镇之。」俄有诏召祏入见，停中书省。初，袁文旷以斩王敬则功当封，祏执不与；帝使

文旷取祏，文旷以刀环筑其心曰：『复能夺我封不！』并弟祀皆死。刘暄闻祏等死，眠中大惊，投出户外，问左右：『收至未？』良久，意定，还坐，大悲曰：『不念江，行自痛也！』

帝自是无所忌惮，益得自恣，日夜与近习于后堂鼓叫戏马。常以五更就寝，至晡乃起。群臣节、朔朝见，晡后方前，或际暗遣出。台阁案奏，月数十日乃报，或不知所在；宦者以裹鱼肉还家，并是五省黄案。帝常习骑致适，顾谓左右曰：『江祏常禁吾乘马；小子若在，吾岂能得此！』因问：『祏亲戚馀谁？』对曰：『江祥今在冶。』帝于马上作敕，赐祥死。

始安王遥光素有异志，与其弟荆州刺史遥欣密谋举兵据东府，使遥欣引兵自江陵急下，刻期将发，而遥欣病卒。江祏被诛，帝召遥光入殿，告以祏罪，遥光惧，还省，即阳狂号哭，遂称疾不复入台。

先是，遥光弟豫州刺史遥昌卒，其部曲皆归遥光。及遥欣丧还，停东府前渚，荆州众力送者甚盛。帝既诛二江，虑遥光不自安，欲迁为司徒，使还第，召入谕旨。遥光恐见杀，乙卯晡时，收集二州部曲于东府东门，召刘沨、刘晏等谋举兵，以讨刘暄为名。

夜，遣数百人破东冶，出囚，于尚方取仗。又召骁骑将军垣历生，历生随信而至。

萧坦之宅在东府城东，遥光遣人掩取之，坦之露袒逾墙走向台。道逢游逻主颜端，执之，坦之告以遥光反，不信；自往诇问，知实，乃以马与坦之，相随入台。遥光又掩取尚书左仆射沈文季于其宅，欲以为都督，会文季已入台。垣历生说遥光帅城内兵夜攻台，辇荻烧城门，曰：『公但乘舆随后，反掌可克！』遥光狐疑不敢出。天稍晓，遥光戎服出听事，命上仗登城行赏赐。历生复劝出军，遥光不肯，冀台中自有变。及日出，台军稍至。台中始闻乱，众情惶惑；向晓，有诏召徐孝嗣，孝嗣入，人心乃安。左将军沈约闻变，驰入西掖门。或劝戎服，约曰：『台中方扰攘，见我戎服，或者谓同遥光。』乃朱衣而入。

丙辰，诏曲赦建康，中外戒严。徐孝嗣以下屯卫宫城，萧坦之帅台军讨遥光。孝嗣内自疑惧，与沈文季戎服共坐南掖门上，欲与之共论世事，文季辄引以他辞，终不得及。萧坦之屯湘官寺，左兴盛屯东篱门，镇军司马曹虎屯青溪大桥。众军围东城三面，烧司徒府。遥光遣垣历生从西门出战，台军屡败，杀军主桑天爱。遥光之起兵也，问咨议参军萧畅，畅正色不从。戊午，畅与抚军长史沈昭略潜自南门出，诣台自归，众情大沮。畅，衍之弟；昭略，文季之兄子也。

己未，垣历生从南门出战，因弃稍降曹虎，虎命斩之。遥光大怒，于床上自踊，使

杀历生子。其晚，台军以火箭烧东北角楼。至夜，城溃，遥光还小斋帐中，著衣帢坐，秉烛自照，令人反拒，斋阁皆重关，左右并逾屋散出。台军主刘国宝等先入，遥光闻外兵至，灭烛扶匐床下。军人排阁入，于暗中牵出，斩之。台军入城，焚烧室屋且尽。刘沨走还家，为人所杀。荆州将潘绍闻遥光作乱，谋欲应之。西中郎司马夏侯详呼绍议事，因斩之，州府以安。

己巳，以徐孝嗣为司空；加沈文季镇军将军，侍中、仆射如故；萧坦之为尚书右仆射、丹阳尹，右将军如故；刘暄为领军将军；曹虎为散骑常侍、右卫将军。皆赏平始安之功也。

魏南徐州刺史沈陵来降。陵，文季之族子也。时魏徐州刺史京兆王愉年少，府事皆决于长史卢渊。渊知陵将叛，敕诸城潜为之备；屡以闻于魏朝，魏朝不听。陵遂杀将佐，帅宿预之众来奔，滨淮诸戍以有备得全。陵在边历年，阴结边州豪杰。陵既叛，郡县多捕送陵党，渊皆抚而赦之，唯归罪于陵，众心乃安。闰月，丙子，立江陵公宝览为始安王，奉靖王后。

以沈陵为北徐州刺史。

江祏等既败，帝左右捉刀、应敕之徒皆恣横用事，时人谓之「刀敕」。萧坦之刚狠而专，嬖幸畏而憎之；遥光死二十馀日，帝遣延明主帅黄文济将兵围坦之宅，杀之，并其子秘书郎赏。坦之从兄翼宗为海陵太守，未发，坦之谓文济曰：「从兄海陵宅故应无他。」文济曰：「海陵宅在何处？」坦之以告。文济白帝，帝仍遣收之。检其家，至贫，唯有质钱帖数百，还以启帝，原其死，系尚方。

茹法珍等谮刘暄有异志，帝曰：「暄是我舅，岂应有此？」直阁新蔡徐世标曰：「明帝乃武帝同堂，恩遇如此，犹灭武帝之后；舅焉可信邪！」遂杀之。

曹虎善于诱纳，日食荒客常数百人。晚节吝啬，罢雍州，有钱五千万，他物称是。帝疑虎旧将，且利其财，遂杀之。坦之、暄、虎所新除官，皆未及拜而死。

初，高宗临殂，以隆昌事戒帝曰：「作事不可在人后。」故帝数与近习谋诛大臣，皆发于仓猝，决意无疑。于是大臣人人莫能自保。

九月，丁未，以豫州刺史裴叔业为南兖州刺史，征虏长史张冲为豫州刺史。

壬戌，以频诛大臣，大赦。

丙戌，魏主谒长陵，欲引白衣左右吴人茹皓同车。皓奋衣将登，给事黄门侍郎元匡进谏，帝推之使下，皓失色而退。匡，新城之子也。

益州刺史刘季连闻帝失德，遂自骄恣，用刑严酷，蜀人怨之。是月，遣兵袭中水，

不克。于是蜀人赵续伯等皆起兵作乱，季连不能制。

枝江文忠公徐孝嗣，以文士不显同异，故名位虽重，犹得久存。虎贲中郎将许准为孝嗣陈说事机，劝行废立。孝嗣迟疑久之，谓必无用干戈之理；须帝出游，闭城门，召百官集议废之。虽有此怀，终不能决。诸嬖幸亦稍憎之。西丰忠宪侯沈文季自托老疾，不豫朝权，侍中沈昭略谓文季曰：「叔父行年六十，为员外仆射，欲求自免，岂可得乎！」文季笑而不应。冬，十月，乙未，帝召孝嗣、文季、昭略入华林省。文季登车，顾曰：「此行恐往而不反。」帝使外监茹法珍赐以药酒，昭略怒，骂孝嗣曰：「废昏立明，古今令典；宰相无才，致有今日！」以瓯掷其面曰：「使作破面鬼！」孝嗣饮药酒至斗馀，乃卒。孝嗣子演尚武康公主，况尚山阴公主，皆坐诛。昭略弟昭光闻收至，家人劝之逃。昭光不忍舍其母，入，执母手悲泣，收者杀之。昭光兄子昙亮逃，已得免，闻昭光死，叹曰：「家门屠灭，何以生为！」绝吭而死。

初，太尉陈显达自以高、武旧将，当高宗之世，内怀危惧，深自贬损，常乘朽弊车，道从卤簿止用羸小者十数人。尝侍宴，酒酣，启高宗借枕，高宗令与之。显达抚枕曰：「臣年衰老，富贵已足，唯欠枕枕死，特就陛下乞之。」高宗失色曰：「公醉矣！」显达以年礼告退，高宗不许。及王敬则反，时显达将兵拒魏，始安王遥光疑之，启高宗欲追军还；会敬则平，乃止。及帝即位，显达弥不乐在建康。得江州，甚喜。尝有疾，不令治，既而自愈，意甚不悦。闻帝屡诛大臣，传云当遣兵袭江州，十一月，丙辰，显达举兵于寻阳，令长史庾弘远等与朝贵书，数帝罪恶，云「欲奉建安王为主，须京尘一静，西迎大驾。」

乙丑，以护军将军崔慧景为平南将军，督众军击显达；后军将军胡松、骁骑将军李叔献帅水军据梁山；左卫将军左兴盛督前锋军屯杜姥宅。

十二月，癸未，以前辅国将军杨集始为秦州刺史。

陈显达发寻阳，败胡松于采石，建康震恐。甲申，军于新林，左兴盛帅诸军拒之。显达多置屯火于岸侧，潜军夜渡，袭宫城。乙酉，显达以数千人登落星冈，新亭诸军闻之，奔还，宫城大骇，闭门设守。显达执马矟，从步兵数百，于西州前与台军战，再合，显达大胜，手杀数人，矟折；台军继至，显达不能抗，退走，至西州后，骑官赵潭注刺显达，坠马，斩之，诸子皆伏诛。长史庾弘远，炳之之子也，斩于朱雀航。将刑，索帽著之，曰：「子路结缨，吾不可以不冠而死。」谓观者曰：「吾非贼，乃是义兵，为诸军请命耳。陈公太轻事；若用吾言，天下将免涂炭。」弘远子子曜，抱父乞代命，并杀之。

帝既诛显达，益自骄恣，渐出游走，又不欲人见之；每出，先驱斥所过人家，唯置空宅。尉司击鼓蹋围，鼓声所闻，便应奔走，不暇衣履，犯禁者应手格杀。一月凡二十馀出，出辄不言定所，东西南北，无处不驱。常以三四更中，鼓声四出，火光照天，幡戟横路。士民喧走相随，老小震惊，啼号塞路，处处禁断，不知所过。四民废业，樵苏路断，吉凶失时，乳母寄产，或舆病弃尸，不得殡葬。巷陌悬幔为高鄣，置仗人防守，谓之「屏除」，亦谓之「长围」。尝至沈公城，有一妇人临产，不去，因剖腹视其男女。又尝至定林寺，有沙门老病不能去，藏草间；命左右射之，百箭俱发。帝有膂力，牵弓至三斛五斗。又好担幢，白虎幢高七丈五尺，于齿上担之，折齿不倦。自制担幢校具，伎衣饰以金玉，侍卫满侧，逞诸变态，曾无愧色。学乘马于东冶营兵俞灵韵，常著织成袴褶，金薄帽，执七宝矟，急装缚袴，凌冒雨雪，不避坑阱。驰骋渴乏，辄下马，解取腰边蠡器，酌水饮之，复上马驰去。又选无赖小人善走者为逐马左右五百人，常以自随。或于市侧过亲幸家，环回宛转，周遍城邑。或出郊射雉，置射雉场二百九十六处，奔走往来，略不暇息。

王肃为魏制官品百司，皆如江南之制，凡九品，品各有二。侍中郭祚兼吏部尚书。祚清谨，重惜官位，每有铨授，虽得其人，必徘徊久之，然后下笔，曰：「此人便已贵矣。」人以是多怨之；然所用者无不称职。

齐纪九 上章执徐，一年。

东昏侯下

永元二年（庚辰，公元五〇〇年）

春，正月，元会，帝食后方出；朝贺裁竟，即还殿西序寝。自巳至申，百僚陪位，皆僵仆饥甚。比起就会，匆遽而罢。

乙巳，魏大赦，改元景明。

豫州刺史裴叔业闻帝数诛大臣，心不自安；登寿阳城，北望肥水，谓部下曰：「卿等欲富贵乎？我能办之！」及除南兖州，意不乐内徙。会陈显达反。叔业遣司马辽东李元护将兵救建康，实持两端；显达败而还。朝廷疑叔业有异志，叔业亦遣使参察建康消息，众论益疑之。叔业兄子植、飏、粲皆为直阁，在殿中，惧，弃母奔寿阳，说叔业以朝廷必相掩袭，宜早为计。徐世檦等以叔业在边，急则引魏自助，力未能制，白帝遣叔业宗人中书舍人长穆宣旨，许停本任。叔业犹忧畏，而植等说之不已。

叔业遣亲人马文范至襄阳，问萧衍以自安之计，曰：「天下大势可知，恐无复自存之理。不若回面向北，不失作河南公。」衍报曰：「群小用事，岂能及远！计虑回惑，自

无所成，唯应送家还都以安慰之。若意外相逼，当勒马步二万直出横江，以断其后，则天下之事，一举可定。若欲北向，彼必遣人相代，以河北一州相处，河南公宁可复得邪！如此，则南归之望绝矣。」叔业沉疑未决，乃遣其子芬之入建康为质，亦遣信诣魏豫州刺史薛真度，问以入魏可不之宜。真度劝其早降，曰：「若事迫而来，则功微赏薄矣。」数遣密信，往来相应和。建康人传叔业叛者不已，芬之惧，复奔寿阳。叔业遂遣芬之及兄女婿杜陵韦伯昕奉表降魏。丁未，魏遣骠骑大将军彭城王勰、车骑将军王肃帅步骑十万赴之；以叔业为使持节、都督豫、雍等五州诸军事、征南将军、豫州刺史，封兰陵郡公。

庚午，下诏讨叔业。二月，丙戌，以卫尉萧懿为豫州刺史。戊戌，魏以彭城王勰为司徒，领扬州刺史，镇寿阳。魏人遣大将军李丑、杨大眼将二千骑入寿阳，又遣奚康生将羽林一千驰赴之。大眼，难当之孙也。

魏兵未渡淮，己亥，裴叔业病卒，僚佐多欲推司马李元护监州，一二日谋不定。前建安戍主安定席法友等以元护非其乡曲，恐有异志，共推裴植监州，秘叔业丧问，教命处分，皆出于植。奚康生至，植乃开门纳魏兵，城库管籥，悉付康生。康生集城内耆旧，宣诏抚赉之。魏以植为兖州刺史，李元护为齐州刺史，席法友为豫州刺史，军主京

兆王世弼为南徐州刺史。

巴西民雍道晞聚众万馀逼郡城，巴西太守鲁休烈婴城自守。三月，刘季连遣中兵参军李奉伯帅众五千救之，与郡兵合击道晞，斩之。奉伯欲进讨郡东馀贼，涪令李膺止之曰：「卒惰将骄，乘胜履险，非完策也；不如少缓，更思后计。」奉伯不从，悉众入山，大败而还。

乙卯，遣平西将军崔慧景将水军讨寿阳，帝屏除，出琅邪城送之。帝戎服坐楼上，召慧景单骑进围内，无一人自随者。裁交数言，拜辞而去。慧景既得出，甚喜。

豫州刺史萧懿将步军三万屯小岘，交州刺史李叔献屯合肥。懿遣裨将胡松、李居士帅众万馀屯死虎。骠骑司马陈伯之将水军溯淮而上，以逼寿阳，军于硖石。寿阳士民多谋应齐者。

魏奚康生防御内外，闭城一月，援军乃至。丙申，彭城王勰、王肃击松、伯之等，大破之，进攻合肥，生擒叔献。统军宇文福言于勰曰：「建安，淮南重镇，彼此要冲，得之，则义阳易图；不得，则寿阳难保。」勰然之，使福攻建安，建安戍主胡景略面缚出降。

己亥，魏皇弟怿卒。

崔慧景之发建康也，其子觉为直阁将军，密与之约，慧景至广陵，觉走从之。慧景过广陵数十里，召会诸军主曰：「吾荷三帝厚恩，当顾托之重。幼主昏狂，朝廷坏乱，危而不扶，责在今日。欲与诸君共建大功以安社稷，何如？」众皆响应，于是还军向广陵。司马崔恭祖守广陵城，开门纳之。帝闻变，壬子，假右卫将军左兴盛节，都督建康水陆诸军以讨之。慧景停广陵二日，即收众济江。

初，南徐、兖二州刺史江夏王宝玄娶徐孝嗣女为妃，孝嗣诛，诏令离婚，宝玄恨望。慧景遣使奉宝玄为主，宝玄斩其使，因发将吏守城，帝遣马军主戚平、外监黄林夫助镇京口。慧景将渡江，宝玄密与相应，杀司马孔矜、典签吕承绪及平、林夫，开门纳慧景，使长史沈佚之、咨议柳憕分部军众。宝玄乘八掆舆，手执绛麾，随慧景向建康。台遣骁骑将军张佛护、直阁将军徐元称等六将据竹里，为数城以拒之。宝玄遣信谓佛护曰：「身自还朝，君何意苦相断遏？」佛护对曰：「小人荷国重恩，使于此创立小戍。殿下还朝，但自直过，岂敢断遏！」遂射慧景军，因合战。崔觉、崔恭祖将前锋，皆荒伧善战，又轻行不爨食，以数舫缘江载酒食为军粮，每见台军城中烟火起，辄尽力攻之。台军不复得食，以此饥困。元称等议，欲降，佛护不可。恭祖等进攻城，拔之，斩佛护。徐元称降，徐四军主皆死。

之，乃应得封！」帝乃止。点，胤之兄也。

萧懿既去小岘，王肃亦还洛阳。荒人往来者妄云肃复谋归国；五月，乙巳，诏以肃为都督豫、徐、司三州诸军事、豫州刺史、西丰公。

己酉，江夏王宝玄伏诛。

壬子，大赦。

六月，丙子，魏彭城王勰进位大司马，领司徒；王肃加开府仪同三司。

太阳蛮田育丘等二万八千户附于魏，魏置四郡十八县。

乙丑，曲赦建康、南徐、兖二州。先是，崔慧景既平，诏赦其党。而嬖幸用事，不依诏书，无罪而家富者，皆诬为贼党，杀而籍其赀；实附贼而贫者皆不问。或谓中书舍人王咺之云：「赦书无信，人情大恶。」咺之曰：「正当复有赦耳。」由是再赦。既而嬖幸诛纵亦如初。

是时，帝所宠左右凡三十一人，黄门十人。直阁、骁骑将军徐世檦素为帝所委任，凡有杀戮，皆在其手。及陈显达事起，加辅国将军；虽用护军崔慧景为都督，而兵权实在世檦。世檦亦知帝昏纵，密谓其党茹法珍、梅虫儿曰：「何世天子无要人，但侬货主恶耳！」法珍等与之争权，以白帝。帝稍恶其凶强，遣禁兵杀之，世檦拒战而死。自是法珍、虫儿用事，并为外监，口称诏敕；王咺之专掌文翰，与相唇齿。

帝呼所幸潘贵妃父宝庆及茹法珍为阿丈，梅虫儿、俞灵韵为阿兄。帝与法珍等俱诣宝庆家，躬身汲水，助厨人作膳。宝庆恃势作奸，富人悉诬以罪，田宅赀财，莫不启乞。一家被陷，祸及亲邻。又虑后患，尽杀其男口。

帝数往诸刀敕家游宴，有吉凶辄往庆吊。

奄人王宝孙，年十三四，号「伥子」，最有宠，参预朝政，虽王咺之、梅虫儿之徒亦下之；控制大臣，移易诏敕，乃至骑马入殿，诋诃天子；公卿见之，莫不慑息焉。

吐谷浑王伏连筹事魏尽礼，而居其国，置百官，皆如天子之制，称制于其邻国。魏主遣使责而宥之。

冠军将军、骠骑司马陈伯之再引兵攻寿阳，魏彭城王勰拒之。援军未至，汝阴太守傅永将郡兵三千救寿阳。伯之防淮口甚固，永去淮口二十馀里，牵船上汝水南岸，以水牛挽之，直南趣淮，下船即渡；适上南岸，齐兵亦至。会夜，永潜进入城，勰喜甚，曰：「吾北望已久，恐洛阳难可复见，不意卿能至也。」勰令永引兵入城，永曰：「永之此来，欲以却敌；若如教旨，乃是与殿下同受攻围，岂救援之意！」遂军于城外。

秋，八月，乙酉，勰部分将士，与永并势击伯之于肥口，大破之，斩首九千，俘获一万。伯之脱身遁还，淮南遂入于魏。

魏遣镇南将军元英将兵救淮南，未至，伯之已败，魏主召英还洛阳。颢累表辞大司马、领司徒，乞还中山；魏主不许。以元英行扬州事，寻以王肃为都督淮南诸军事、扬州刺史，持节代之。

甲辰，夜，后宫火。时帝出未还，宫内人不得出，外人不敢辄开；比及开，死者相枕，烧三千馀间。

时嬖幸之徒皆号为鬼。有赵鬼者，能读《西京赋》，言于帝曰："柏梁既灾，建章是营。"帝乃大起芳乐、玉寿等诸殿，以麝香涂壁，刻画装饰，穷极绮丽。役者自夜达晓，犹不副速。

后宫服御，极选珍奇，府库旧物，不复周用。贵市民间金宝，价皆数倍。建康酒租皆折使输金，犹不能足。凿金为莲华以帖地，令潘妃行其上，曰："此步步生莲华也。"又订出雉头、鹤氅、白鹭缞。嬖幸因缘为奸利，课一输十。又各就州县求为人输，准取见直，不为输送，守宰皆不敢言，重更科敛。如此相仍，前后不息。百姓困尽，号泣道路。

军主吴子阳等出三关侵魏，九月，与魏东豫州刺史田益宗战于长风城，子阳等败还。

萧懿之入援也，萧衍驰使所亲虞安福说懿曰："诛贼之后，则有不赏之功。当明君贤主，尚或难立；况于乱朝，何以自免！若贼灭之后，仍勒兵入宫，行伊、霍故事，此万世一时。若不欲尔，便放表还历阳，托以外拒为事，则威振内外，谁敢不从！一朝放兵，受其厚爵，高而无民，必生后悔。"长史徐曜甫亦苦劝之，懿并不从。

崔慧景死，懿为尚书令。有弟九人：敷、衍、畅、融、宏、伟、秀、憺、恢。懿以元勋居朝右，畅为卫尉，掌管籥。时帝出入无度，或劝懿因其出门，举兵废之；懿不听。嬖臣茹法珍、王咺之等惮懿威权，说帝曰："懿将行隆昌故事，陛下命在晷刻。"帝然之。徐曜甫知之，密具舟江渚，劝懿西奔襄阳。懿曰："自古皆有死，岂有叛走尚书令邪！"懿弟侄咸为之备。冬，十月，己卯，帝赐懿药于省中。懿且死，曰："家弟在雍，深为朝廷忧之。"懿弟侄皆亡匿于里巷，无人发之者；唯融捕得，诛之。

丁亥，魏以彭城王勰为司徒，录尚书事；勰固辞，不免。勰雅好恬素，不乐势利。高祖重其事干，故委以权任，虽有遗诏，复为世宗所留。勰每乖情愿，常凄然叹息。为人美风仪，端严若神，折旋合度，出入言笑，观者忘疲。敦尚文史，物务之暇，披览不辍。小心谨慎，初无过失；虽闲居独处，亦无惰容。爱敬儒雅，倾心礼待。清正俭素，门无私谒。

十一月，己亥，魏东荆州刺史桓晖入寇，拔下笮戍，归之者二千馀户。晖，诞之子也。

初，帝疑雍州刺史萧衍有异志。直后荥阳郑植弟绍叔为衍宁蛮长史，帝使植以候绍叔为名，往刺衍。绍叔知之，密以白衍，衍置酒绍叔家，戏植曰：『朝廷遣卿见图，今日闲宴，是可取良会也。』宾主大笑。又令植历观城隍、府库、士马、器械、舟舰，植退，谓绍叔曰：『雍州实力，未易图也。』绍叔曰：『兄还，具为天子言之：若取雍州，绍叔请以此众一战！』送植于南岘，相持恸哭而别。

及懿死，衍闻之，夜召张弘策、吕僧珍、长史王茂、别驾柳庆远、功曹吉士瞻等入宅定议。茂，天生之子；庆远，元景之弟子也。乙巳，衍集僚佐谓曰：『昏主暴虐，恶逾于纣，当与卿等共除之！』是日，建牙集众，得甲士万馀人，马千馀匹，船三千艘。出檀溪竹木装舰，葺之以茅，事皆立办。诸将争橹，吕僧珍出先所具者，每船付二张，争者乃息。

是时，南康王宝融为荆州刺史，西中郎长史萧颖胄行府州事，帝遣辅国将军、巴西梓潼二郡太守刘山阳将兵三千之官，就颖胄兵使袭襄阳。衍知其谋，遣参军王天虎诣江

陵，遍与州府书，声云：『山阳西上，并袭荆、雍。』衍因谓诸将佐曰：『荆州素畏襄阳人，加以唇亡齿寒，宁不暗同邪！我合荆、雍之兵，鼓行而东，虽韩、白复生，不能为建康计；况以昏主役刀敕之徒哉！』颖胄等得书，疑未能决。山阳至巴陵，衍复令天虎赍书与颖胄及其弟南康王龙颖达。天虎既行，衍谓张弘策曰：『用兵之道，攻心为上。近遣天虎往荆州，人皆有书。今段乘驿甚急，止有两函与行事兄弟，云「天虎口具」；及问天虎而口无所说，天虎是行事心膂，彼间必谓行事与天虎共隐其事，则人人生疑。山阳惑于众口，判相嫌贰，则行事进退无以自明，必入吾谋内。是持两空函定一州矣。』

山阳至江安，迟回十馀日，不上。颖胄大惧，计无所出，夜，呼西中郎城局参军安定席阐文、咨议参军柳忱，闭斋定议。阐文曰：『萧雍州蓄养士马，非复一日。江陵素畏襄阳人，又众寡不敌，取之必不可制；就能制之，岁寒复不为朝廷所容。今若杀山阳，与雍州举事，立天子以令诸侯，则霸业成矣！山阳持疑不进，是不信我。今斩送天虎，则彼疑可释。至而图之，罔不济矣。』忱曰：『朝廷狂悖日滋，京师贵人莫不重足累息。今幸在远，得假日自安。雍州之事，且藉以相毙耳。独不见萧令君乎？以精兵数千，破崔氏十万众，竟为群邪所陷，祸酷相寻。「前事之不忘，后事之师也。」且雍州士锐粮多，萧使君雄姿冠

世，必非山阳所能敌。若破山阳，荆州复受失律之责，进退无可，宜深虑之。」萧颖达亦劝颖胄从阐文等计。诘旦，颖胄谓天虎曰：「卿与刘辅国相识，今不得不借卿头！」乃斩天虎送示山阳，发民车牛，声云起步军征襄阳。山阳大喜。

甲寅，山阳至江津，单车白服，从左右数十人诣颖胄。颖胄使前汶阳太守刘孝庆等伏兵城内，山阳入门，即于车中斩之。副军主李元履收馀众请降。

柳忱，世隆之子也。颖胄虑西中郎司马夏侯详不同，以告忱，忱曰：「易耳！近详求婚，未之许也。」乃以女嫁详子夔，而告之谋，详从之。乙卯，以南康王宝融教纂严，又教赦囚徒，施惠泽，颁赏格。丙辰，以萧衍为使持节都督前锋诸军事。丁巳，以萧颖胄为都督行留诸军事。颖胄有器局，既举大事，虚心委己，众情归之。以别驾南阳宗夬及同郡中兵参军刘坦、咨议参军乐蔼为州人所推信，军府经略，每事谘焉。颖胄、夬各献私钱谷及换借富赀以助军。长沙寺僧素富，铸黄金为金龙数千两埋土中。颖胄取之，以充军费。

颖胄遣使送刘山阳首于萧衍，且言年月未利，当须明年二月进兵。衍曰：「举事之初，所藉者一时骁锐之心。事事相接，犹恐疑怠；若顿兵十旬，必生悔吝。且坐甲十万，粮用自竭；若童子立异，则大事不成。况处分已定，安可中息哉！昔武王伐纣，行逆太岁，岂复待年月乎！」

戊午，衍上表劝南康王宝融称尊号；不许。十二月，颖胄与夏侯详移檄建康百官及州郡牧守，数帝及梅虫儿、茹法珍罪恶。颖胄遣冠军将军天水杨公则向湘州，西中郎参军南郡邓元起向夏口。军主王法度坐不进军免官。乙亥，荆州将佐复劝宝融称尊号；不许。夏侯详之子骁骑将军亶为殿中主帅，详密召之，亶自建康亡归。壬辰，至江陵，称奉宣德皇太后令：「南康王宜纂承皇祚，方俟清宫，未即大号；可封十郡为宣城王、相国、荆州牧，加黄钺，选百官，西中郎府、南康国如故。须军次近路，主者备法驾奉迎。」

竟陵太守新野曹景宗遣亲人说萧衍，迎南康王都襄阳，先正尊号，然后进军；衍不从。王茂私谓张弘策曰：「今以南康置人手中，彼挟天子以令诸侯，节下前进为人所使，此岂他日之长计乎！」弘策以告衍，衍曰：「若前涂大事不捷，故自兰艾同焚；若其克捷，则威振四海，谁敢不从，岂碌碌受人处分者邪！」

初，陈显达、崔慧景之乱，人心不安。或问时事于上庸太守杜陵韦睿，睿曰：「陈虽旧将，非命世才；崔颇更事，懦而不武；其赤族宜矣。定天下者，殆必在吾州将乎？」乃遣二子自结于萧衍。及衍起兵，睿帅郡兵二千倍道赴之。华山太守蓝田康绚帅郡兵三

千赴衍。冯道根时居母丧，闻衍起兵，帅乡人子弟胜兵者悉往赴之。梁、南秦二州刺史柳惔亦起兵应衍。惔，忱之兄也。

帝闻刘山阳死，发诏讨荆、雍。戊寅，以冠军长史刘浍为雍州刺史；遣骁骑将军薛元嗣、制局监暨荣伯将兵及运粮百四十馀船送郢州刺史张冲，使拒西师。元嗣等惩刘山阳之死，疑冲，不敢进，停夏口浦；闻西师将至，乃相帅入郢城。前竟陵太守房僧寄将还建康，至郢，帝敕僧寄留守鲁山，除骁骑将军。张冲与之结盟，遣军主孙乐祖将数千人助僧寄守鲁山。

萧颖胄与武宁太守邓元起书，招之。张冲待元起素厚，众皆劝其还郢，元起大言于众曰：『朝廷暴虐，诛戮宰辅，群小用事，衣冠道尽。荆、雍二州同举大事，何患不克！且我老母在西，若事不成，正受戮昏朝，幸免不孝之罪。』即日治严上道，至江陵，为西中郎中兵参军。

湘州行事张宝积发兵自守，未知所附。杨公则克巴陵，进军白沙，宝积惧，请降，公则入长沙，抚纳之。

是岁，北秦州刺史杨集始将众万馀自汉中北出，规复旧地。魏梁州刺史杨椿将步骑五千出顿下辩，遗集始书，开以利害，集始遂复将其部曲千馀人降魏。魏人还其爵位，使归守武兴。

资治通鉴卷第一百四十四

齐纪十 重光大荒落，一年。

和皇帝

中兴元年（辛巳，公元五〇一年）

春，正月，丁酉，东昏侯以晋安王宝义为司徒，建安王宝寅为车骑将军、开府仪同三司。

乙巳，南康王宝融始称相国，大赦；以萧颖胄为左长史，萧衍为征东将军，杨公则为湘州刺史。戊申，萧衍发襄阳，留弟伟总府州事，憺守垒城，府司马庄丘黑守樊城。衍既行，州中兵及储偫皆虚。魏兴太守裴师仁、齐兴太守颜僧都并不受衍命，举兵欲袭襄阳，伟、憺遣兵邀击于治平，大破之，雍州乃安。

魏咸阳王禧为上相，不亲政务，骄奢贪淫，多为不法，魏主颇恶之。禧遣奴就领军于烈求旧羽林虎贲，执仗出入。烈曰：「天子谅暗，事归宰辅。领军但知典掌宿卫，非有诏不敢违理从私。」禧奴惘然而返。禧复遣谓烈曰：「我，天子之子，天子叔父，身为元辅，有所求须，与诏何异！」烈厉色曰：「烈非不知王之贵也，奈何使私奴索天子羽林！烈头可得，羽林不可得！」禧怒，以烈为恒州刺史。烈不愿出外，固辞，不许；遂称疾不出。

烈子左中郎将忠领直阁，常在魏主左右。烈使忠言于魏主曰：「诸王专恣，意不可测。宜早罢之，自揽权纲。」北海王详亦密以禧过恶白帝，且言彭城王勰大得人情，不宜久辅政。帝然之。

时将礿祭，王公并斋于庙东坊。帝夜使于忠语烈：「明旦入见，当有处分。」质明，烈至。帝命烈将直阁等六十馀人，宣旨召禧、勰、详，卫送至帝所。禧等入见于光极殿，帝曰：「恪虽寡昧，忝承宝历。比缠尫疢，实凭诸父，苟延视息，奄涉三龄。诸父归逊殷勤，今便亲揽百揆。且还府司，当别处分。」又谓勰曰：「顷来南北务殷，不容仰遂冲操。恪是何人，而敢久违先敕，今遂叔父高蹈之意。」勰谢曰：「陛下孝恭，仰遵先诏，上成睿明之美，下遂微臣之志，感今惟往，悲喜交深。」庚戌，诏勰以王归第；禧进位太保；详为大将军、录尚书事。尚书清河张彝、邢峦闻处分非常，亡走，出洛阳城，为御史中尉中山甄琛所弹。诏书切责之。复以于烈为领军，仍加车骑大将军，自是长直禁中，军国大事，皆得参焉。

魏主时年十六，不能亲决庶务，委之左右。于是幸臣茹皓、赵郡王仲兴、上谷寇猛、赵郡赵修、南阳赵邕及外戚高肇等始用事，魏政浸衰。赵修尤亲幸，旬月间，累迁至光禄卿，每迁官，帝亲至其宅设宴，王公百官皆从。

辛亥，东昏侯祀南郊，大赦。

丁巳，魏主引见群臣于太极前殿，告以复政之意。壬戌，以咸阳王禧领太尉，广陵王羽为司徒。魏主引羽入内，面授之。羽固辞曰：「彦和本自不愿，而陛下强与之。今新去此官而以臣代之，必招物议。」乃以为司空。

二月，乙丑，南康王以冠军长史王茂为江州刺史，竟陵太守曹景宗为郢州刺史，邵陵王宝攸为荆州刺史。

甲戌，魏大赦。

壬午，东昏侯遣羽林兵击雍州，中外纂严。

甲申，萧衍至竟陵，命王茂、曹景宗为前军，以中兵参军张法安守竟陵城。茂等至汉口，诸将议欲并兵围郢，分兵袭西阳、武昌。衍曰：「汉口不阔一里，箭道交至，房僧寄以重兵固守，与郢城为掎角；若悉众前进，僧寄必绝我军后，悔无所及。不若遣王、曹诸军济江，与荆州军合，以逼郢城；吾自围鲁山以通沔、汉，使郧、竟陵之粟方舟而下，江陵、湘中之兵相继而至，兵多食足，何忧两城之不拔！天下之事，可以卧取之耳。」乃使茂等帅众济江，顿九里。张冲遣中兵参军陈光静开门迎战，茂等击破之。光静死，冲婴城自守。景宗遂据石桥浦，连军相续，下至加湖。

荆州遣冠军将军邓元起、军主王世兴、田安之将数千人会雍州兵于夏首。衍筑汉口城以守鲁山，命水军主义阳张惠绍等游遏江中，绝郢、鲁二城信使。杨公则举湘州之众会于夏口。萧颖胄命荆州诸军皆受公则节度，虽萧颖达亦隶焉。

府朝议欲遣人行湘州事而难其人。西中郎中兵参军刘坦谓众曰：「湘土人情，易扰难信，用武士则侵渔百姓，用文士则威略不振；必欲镇静一州，军民足食，无逾老夫。」乃以坦为辅国长史、长沙太守，行湘州事。坦先尝在湘州，多旧恩，迎者属路。下车，选堪事吏分诣十郡，发民运租米三十余万斛以助荆、雍之军，由是资粮不乏。

三月，萧衍使邓元起进据南堂西渚，田安之顿城北，王世兴顿曲水故城。丁酉，张冲病卒，骁骑将军薛元嗣与冲子孜及征虏长史江夏内史程茂共守郢城。

乙巳，南康王即皇帝位于江陵，改元，大赦。立宗庙、南北郊，州府城门悉依建康宫，置尚书五省，以南郡太守为尹。以萧颖胄为尚书令，萧衍为左仆射，晋安王宝义为司空，庐陵王宝源为车骑将军、开府仪同三司，建安王宝寅为徐州刺史，散骑常侍夏侯详为中领军，冠军将军萧伟为雍州刺史。丙午，诏封庶人宝卷为涪陵王。乙酉，以尚书令萧颖胄行荆州刺史，加萧衍征东大将军、都督征讨诸军事，假黄钺。甲[illegible]，衍大[illegible]口，右帝遣御史中丞宗夬劳军。宁朔将军新野庾域讽夬曰：『黄钺未加，非所以总帅侯伯。』夬返西台，遂有是命。薛元嗣遣军主沈难当帅轻舸数千乱流来战，张惠绍等击擒之。

癸丑，东昏侯以豫州刺史陈伯之为江州刺史、假节、都督前锋诸军事，西击荆、雍。

夏，四月，萧衍出沔，命王茂、萧颖达等进军逼郢城，薛元嗣不敢出。诸将欲攻之，衍不许。

魏广陵惠王羽通于员外郎冯俊兴妻，夜往，为俊兴所击而匿之；五月，壬子，卒。

魏主既亲政事，嬖幸擅权，王公希得进见。咸阳王禧意不自安，斋帅刘小苟屡言于禧云，闻天子左右人言欲诛禧。禧益惧，乃与妃兄给事黄门侍郎李伯尚、氐王杨集始、杨灵祐、乞伏马居等谋反。会帝出猎北邙，禧与其党会城西小宅，欲发兵袭帝，使长子通窃入河内举兵相应。乞伏马居说禧：『还入洛城，勒兵闭门，天子必北走桑乾，殿下可断河桥，为河南天子。』众情前却不壹，禧心更缓，自旦至晡，犹豫不决，遂约不泄而散。杨集始既出，即驰至北邙告之。

直寝苻承祖、薛魏孙与禧通谋，是日，帝寝于浮图之阴，魏孙欲弑帝，承祖曰：『吾闻杀天子者身当病癞。』魏孙乃止。俄而帝寤，集始亦至。帝左右皆四出逐禽，直卫无几，仓猝不知所出。左中郎将于忠曰：『臣父领军留守京城，计防遏有备，必无所虑。』帝遣忠驰骑观之，于烈已分兵严备，使忠还奏曰：『臣虽老，心力犹可用。此属猖狂，不足为虑，愿陛下清跸徐还，以安物望。』帝甚悦，自华林园还宫，抚于忠之背曰：『卿差强人意！』

禧不知事露，与姬妾及左右宿洪池别墅，遣刘小苟奉启，云检行田收。小苟至北邙，已逢军人，怪小苟赤衣，欲杀之。小苟困迫，言欲告反，乃缓之。或谓禧曰：『殿下集众图事，见意而停，恐必漏泄，今夕何宜自宽！』禧曰：『吾有此身，应知自惜，岂待人言！』又曰：『殿下长子已济河，两不相知，岂不可虑！』禧曰：『吾已遣人追之，计今应还。』时通已入河内，列兵仗，放囚徒矣。于烈遣直阁叔孙侯将虎贲三百人收禧。禧闻之，自洪池东南走，僮仆不过数人，济洛，至柏谷坞，追兵至，擒之，送华林都亭。帝面诘其反状，壬戌，赐死于私第。同谋伏诛者十馀人，诸子皆绝属籍，微给资产、奴婢，自馀家财悉分赐高肇及赵修之家；其馀赐内外百官，逮于流外，多者百馀匹，下至十匹。禧诸子乏衣食，独彭城王勰屡赈给之。河内太守陆琇闻禧败，斩送禧子通首。魏朝以琇于禧未败之前不收捕通，责其通情，征诣廷尉，死狱中。帝以禧无故而反，由是益疏忌宗室。

巴西太守鲁休烈、巴东太守萧惠训不从萧颖胄之命；惠训遣子璝将兵击颖胄，颖胄遣汶阳太守刘孝庆屯峡口，与巴东太守任漾之等拒之。

东昏侯遣军主吴子阳、陈虎牙等十三军救郢州，进屯巴口。虎牙，伯之之子也。

六月，西台遣卫尉席阐文劳萧衍军，赍萧颖胄等议谓衍曰：「今顿兵两岸，不并军围郢，定西阳、武昌，取江州，此机已失；莫若请救于魏，与北连和，犹为上策。」衍曰：「汉口路通荆、雍，控引秦、梁，粮运资储，仰此气息，所以兵压汉口，连结数州。今若并军围郢，又分兵前进，鲁山必沮沔路，扼吾咽喉；若粮运不通，自然离散，何谓持久？邓元起近欲以三千兵往取寻阳，彼若欢然知机，一说士足矣；脱距王师，固非三千兵所能下也。进退无据，未见其可。西阳、武昌，取之即得；然既得之后，即应镇守。欲守两城，不减万人，粮储称是，卒无所出。脱东军有上者，以万人攻一城，两城势不得相救，若我分军应援，则首尾俱弱；如其不遣，孤城必陷，一城既没，诸城相次土崩，天下大事去矣。若郢州既拔，席卷沿流，西阳、武昌自然风靡。何遽分兵散众，自贻忧患乎！且丈夫举事欲清天步，况拥数州之兵以诛群小，悬河注火，奚有不灭！岂容北面请救戎狄，以示弱于天下！彼未必能信，徒取丑声，此乃下计，何谓上策！卿为我辈白镇军：『前途攻取，但以见付，事在目中，无患不捷，但借镇军靖镇之耳。』」

吴子阳等进军武口。衍命军主梁天惠等屯渔湖城，唐修期等屯白阳垒，夹岸待之。子阳进军加湖，去郢三十里，傍山带水，筑垒自固。子阳举烽，城内亦举火应之；而内外各自保，不能相救。会房僧寄病卒，众复推助防张乐祖代守鲁山。

萧颖胄之初起也，弟颖孚自建康发，庐陵民修灵祐为之聚兵，得二千人，袭庐陵，克之，内史谢篹奔豫章。颖胄遣宁朔将军范僧简自湘州赴之，僧简拔安成，颖胄以僧简为安成太守，以颖孚为庐陵内史。东昏侯遣军主刘希祖将三千人击之，南康太守王丹以郡应希祖。颖孚败，奔长沙，寻病卒；谢篹复还郡。希祖攻拔安成，杀范僧简，东昏侯以希祖为安成内史。修灵祐复合馀众攻谢篹，篹败走。

东昏侯作芳乐苑，山石皆涂以五采。望民家有好树、美竹，则毁墙撤屋而徙之，时方盛暑，随即枯萎，朝暮相继。又于苑中立市，使宫人、宦者共为裨贩，以潘贵妃为市令，东昏侯自为市录事，小有得失，妃则予杖；乃敕虎贲不得进大荆、实中荻。又开渠立埭，身自引船，或坐而屠肉。又好巫觋，左右朱光尚诈云见鬼。东昏入乐游苑，人马忽惊，以问光尚，对曰：「向见先帝大嗔，不许数出。」东昏大怒，拔刀与光尚寻之。既不见，乃缚菰为高宗形，北向斩之，县首苑门。

[illegible]

崔慧景之败也，巴陵王昭胄、永新侯昭颖出投台军，各以王侯还第，心不自安。竟陵王子良故防阁桑偃为梅虫儿军副，与前巴西太守萧寅谋立昭胄，昭胄许事克用寅为尚书左仆射、护军。时军主胡松将兵屯新亭，寅遣人说之曰：『须昏人出，寅等将兵奉昭胄入台，闭城号令，昏人必还就将军；但闭垒不应，则三公不足得也。』松许诺。会东昏新作芳乐苑，经月不出游。偃等议募健儿百馀人，从万春门入，突取之，昭胄以为不可。偃同党王山沙虑事久无成，以事告御刀徐僧重。寅遣人杀山沙于路，吏于麝膆中得其事。昭胄兄弟与偃等皆伏诛。

雍州刺史张欣泰与弟前始安内史欣时，密谋结胡松及前南谯太守王灵秀、直阁将军鸿选等诛诸嬖幸，废东昏。东昏遣中书舍人冯元嗣监军救郢；秋，七月，甲午，茹法珍、梅虫儿及太子右率李居士、制局监杨明泰送之于中兴堂，欣泰等使人怀刀于座斫元嗣，头坠果柈中，又斫明泰，破其腹；虫儿伤数疮，手指皆堕；居士、法珍等散走还台。灵秀诣石头迎建康王宝寅，帅城中将吏见力，去车轮，载宝寅，文武数百唱警跸，向台城，百姓数千人皆空手随之。欣泰闻事作，驰马入宫，冀法珍等在外，东昏尽以城中处分见委，表里相应。既而法珍得返，处分闭门上仗，不配欣泰兵，鸿选在殿内亦不敢发。宝寅去杜姥宅，日已暝，城门闭。城上人射外人，外人弃宝寅溃去。宝寅亦逃，三日，乃戎服诣草市尉，尉驰以启东昏。东昏召宝寅入宫问之，宝寅涕泣称：『尔日不知何人逼使上车，仍将去，制不自由。』东昏笑，复其爵位。张欣泰等事觉，与胡松皆伏诛。

萧衍使征虏将军王茂、军主曹仲宗等乘水涨以舟师袭加湖，鼓噪攻之。丁酉，加湖溃，吴子阳等走免，将士杀溺死者万计，俘其馀众而还。于是郢、鲁二城相视夺气。

乙巳，柔然犯魏边。

鲁山乏粮，军人于矶头捕细鱼供食，密治轻船，将奔夏口，萧衍遣偏军断其走路。丁巳，孙乐祖窘迫，以城降。

己未，东昏侯以程茂为郢州刺史，薛元嗣为雍州刺史。是日，茂、元嗣以郢城降。

郢城之初围也，士民男女近十万口；闭门二百馀日，疾疫流肿，死者什七八，积尸床下而寝其上，比屋皆满。茂、元嗣等议出降，使张孜为书与衍。张冲故吏青州治中房长瑜谓孜曰：『前使君忠贯昊天，郎君但当坐守画一以荷析薪，若天运不与，当幅巾待命，下从使君。今从诸人之计，非唯郢州士女失高山之望，亦恐彼所不取也。』孜不能用。萧衍以韦睿为江夏太守，行郢府事，收瘗死者而抚其生者，郢人遂安。

诸将欲顿军夏口；衍以为宜乘胜直指建康，车骑咨议参军张弘策、宁远将军庾域亦

以为然。衍命众军即日上道。缘江至建康，凡矶、浦、村落，军行宿次、立顿处所，弘策逆为图画，如在目中。

辛酉，魏大赦。

魏安国宣简侯王肃卒于寿阳，赠侍中、司空。初，肃以父死非命，四年不除丧。高祖曰：『三年之丧，贤者不敢过。』命肃以祥禫之礼除丧。然肃犹素服、不听乐终身。

汝南民胡文超起兵于滠阳以应萧衍，求取义阳、安陆等郡以自效；衍又遣军主唐修期攻随郡，皆克之。司州刺史王僧景遣子贞孙为质于衍，司部悉平。

崔慧景之死也，其少子偃为始安内史，逃潜得免。及西台建，以偃为宁朔将军。偃诣公车门上书曰：『臣窃惟高宗之孝子忠臣而昏主之乱臣贼子者，江夏王与陛下，先臣与镇军是也；虽成败异术而所由同方。陛下初登至尊，与天合符；天下纤芥之屈，尚望陛下申之，况先帝之子陛下之兄，所行之道，即陛下所由哉！此尚不恤，其馀何冀！今不可幸小民之无识而罔之；若使晓然知其情节，相帅而逃，陛下将何以应之哉！』事寝，不报。偃又上疏曰：『近冒陈江夏之冤，非敢以父子之亲而伤至公之义，诚不晓圣朝所以然之意。若以狂主虽狂，而实是天子，江夏虽贤，实是人臣，先臣奉人臣逆人君为不可，未审今之严兵劲卒直指象魏者，其故何哉！臣所以不死，苟存视息，非有他故，所以待皇运之开泰，申忠魂之枉屈。今皇运已开泰矣，而死社稷者返为贼臣，臣何用此生于陛下之世矣！臣谨按镇军将军臣颖胄、中领军臣详，皆社稷之臣也，同知先臣股肱江夏，匡济王室，天命未遂，主亡与亡；而不为陛下瞥然一言。知而不言，不忠；不知而不言，不智也。如以先臣遣使，江夏斩之；则征东之驿使，何为见戮？陛下斩征东之使，实诈山阳；江夏违先臣之请，实谋孔矜。天命有归，故事业不遂耳。臣所言毕矣，乞就汤镬！然臣虽万没，犹愿陛下必申先臣。何则？恻怆而申之，则天下伏；不恻怆而申之，则天下叛。先臣之忠，有识所知，南、董之笔，千载可期，亦何待陛下屈申而为褒贬！然小臣惓惓之愚，为陛下计耳。』诏报曰：『具知卿惋切之怀，今当显加赠谥。』偃寻下狱死。

八月，丁卯，东昏侯以辅国将军申胄监豫州事；辛未，以光禄大夫张瓌镇石头。

初，东昏侯遣陈伯之镇江州，以为吴子阳等声援。子阳等既败，萧衍谓诸将曰：『用兵未必须实力，所听威声耳。今陈虎牙狼狈奔归，寻阳人情理当恟惧，可传檄而定也。』乃命搜俘囚，得伯之幢主苏隆之，厚加赐与，使说伯之，许即用为安东将军、江州刺史。伯之遣隆之返命，虽许归附，而云『大军未须遽下』。衍曰：『伯之此言，意怀首鼠。及其犹豫，急往逼之，计无所出，势不得不降。』乃命邓元起引兵先下，杨公

则径掩柴桑，衍与诸将以次进路。元起将至寻阳，伯之收兵退保湖口，留陈虎牙守盗城。选曹郎吴兴沈瑀说伯之迎衍。伯之泣曰：『余子在都，不能不爱。』瑀曰：『不然。人情匈匈，皆思改计；若不早图，众散难合。』丙子，衍至寻阳，伯之束甲请罪。初，新蔡太守席谦，父恭穆为镇西司马，为鱼复侯子响所杀。谦从伯之镇寻阳，闻衍东下，曰：『我家世忠贞，有殒不二。』伯之杀之。乙卯，以伯之为江州刺史，虎牙为徐州刺史。

鲁休烈、萧璝破刘孝庆等于峡口，任漾之战死。休烈等进至上明，江陵大震。萧颖胄恐，驰告萧衍，令遣杨公则还援根本。衍曰：『公则今溯流上江陵，虽至，何能及事！休烈等乌合之众，寻自退散，政须少时持重耳。良须兵力，两弟在雍，指遣往征，不为难至。』颖胄乃遣军主蔡道恭假节屯上明以拒萧璝。

辛巳，东昏侯以太子左率李居士总督西讨诸军事，顿新亭。

九月，乙未，诏萧衍若定京邑，得以便宜从事。衍留骁骑将军郑绍叔守寻阳，与陈伯之引兵东下，谓绍叔曰：『卿，吾之萧何、寇恂也。前涂不捷，我当其咎；粮运不继，卿任其责。』绍叔流涕拜辞。比克建康，绍叔督江、湘粮运，未尝乏绝。

魏司州牧广阳王嘉请筑洛阳三百二十三坊，各方三百步，曰：『虽有暂劳，奸盗永息。』丁酉，诏发畿内夫五万人筑之，四旬而罢。

己亥，魏立皇后于氏。后，征虏将军劲之女；劲，烈之弟也。自祖父栗磾以来，累世贵盛，一皇后，四赠公，三领军，二尚书令，三开国公。

甲申，东昏侯以李居士为江州刺史，冠军将军王珍国为雍州刺史，建安王宝寅为荆州刺史，辅国将军申胄监郢州，龙骧将军扶风马仙琕监豫州，骁骑将军徐元称监徐州军事。珍国，广之之子也。是日，萧衍前军至芜湖；申胄军二万人弃姑孰走，衍进军，据之。戊申，东昏侯以后军参军萧璝为司州刺史，前辅国将军鲁休烈为益州刺史。

萧衍之克江、郢也，东昏游骋如旧，谓茹法珍曰：『须来至白门前，当一决。』衍至近道，乃聚兵为固守之计，简二尚方、二冶囚徒以配军；其不可活者，于朱雀门内日斩百馀人。

衍遣曹景宗等进顿江宁。丙辰，李居士自新亭选精骑一千至江宁。景宗始至，营垒未立，且师行日久，器甲穿弊。居士望而轻之，鼓噪直前薄之；景宗奋击，破之，因乘胜而前，径至皂荚桥。于是王茂、邓元起、吕僧珍进据赤鼻逻，新亭城主江道林引兵出战，众军擒之于陈。衍至新林，命王茂进据越城，邓元起据道士墩，陈伯之据篱门，吕僧珍据白板桥。李居士觇知僧珍众少，帅锐卒万人直来薄垒。僧珍曰：『吾众少，不可

資治通鑑卷第一百四十四

逆战，可勿遥射，须至堑里，当并力破之。』俄而皆越堑拔栅。僧珍分人上城，矢石俱发，自帅马步三百人出其后，城上复逾城而下，内外奋击，居士败走，获取器甲不可胜计。居士请于东昏侯，烧南岸邑屋以开战场，自大航以西、新亭以北皆尽。衍诸弟皆自建康自拔赴军。

冬，十月，甲戌，东昏侯遣征虏将军王珍国、军主胡虎牙将精兵十万馀人陈于朱雀航南，宦官王宝孙持白虎幡督战，开航背水，以绝归路。衍军小却，王茂下马，单刀直前，其甥韦欣庆执铁缠矟以翼之，冲击东军，应时而陷。曹景宗纵兵乘之，吕僧珍纵火焚其营，将士皆殊死战，鼓噪震天地。珍国等众军不能抗，王宝孙切骂诸将帅，直阁将军席豪发愤突陈而死。豪，骁将也，既死，士卒土崩，赴淮死者无数，积尸与航等，后至者乘之而济。于是东昏侯诸军望之皆溃。衍军长驱至宣阳门，诸将移营稍前。

陈伯之屯西明门，每城中有降人出，伯之辄呼与耳语。衍恐其复怀翻覆，密语伯之曰：『闻城中甚忿卿举江州降，欲遣刺客中卿，宜以为虑』。伯之未之信。会东昏侯将郑伯伦来降，衍使伯伦过伯之，谓曰：『城中甚忿卿，欲遣信诱卿以封赏，须卿复降，当生割卿手足；卿若不降，复欲遣刺客杀卿。宜深为备。』伯之惧，自是始无异志。

戊寅，东昏宁朔将军徐元瑜以东府城降。青、冀二州刺史桓和入援，屯东宫。己卯，和诈东昏，云出战，因以其众来降。光禄大夫张瑰弃石头还宫。李居士以新亭降于衍，琅邪城主张木亦降。壬午，衍镇石头，命诸军攻六门。东昏烧门内营署、官府，驱逼士民，悉入宫城，闭门自守。衍命诸军筑长围守之。

杨公则屯领军府垒北楼，与南掖门相对，尝登楼望战。城中遥见麾盖，以神锋弩射之，矢贯胡床，左右失色。公则曰：『几中吾脚！』谈笑如初。东昏夜选勇士攻公则栅，军中惊扰；公则坚卧不起，徐命击之，东昏兵乃退。公则所领皆湘州人，素号怯懦，城中轻之，每出荡，辄先犯公则垒；公则奖厉军士，克获更多。

先是，东昏遣军主左僧庆屯京口，常僧景屯广陵，李叔献屯瓜步；及申胄自姑孰奔归，使屯破墩，以为东北声援。至是，衍遣使晓谕，皆帅其众来降。衍遣弟辅国将军秀镇京口，辅国将军恢镇破墩，从弟宁朔将军景镇广陵。

十一月，丙申，魏以骠骑大将军穆亮为司空；丁酉，以北海王详为太傅，领司徒。初，详欲夺彭城王勰司徒，故谮而黜之；既而畏人议己，故但为大将军，至是乃居之。详贵盛翕赫，将作大匠王遇多随详所欲，私以官物给之。司徒长史于忠责遇于详前曰：『殿下，国之周公，阿衡王室，所须材用，自应关旨；何至阿谀附势，损公惠私也！』遇既踧踖，详亦惭谢。忠每以鲠直为详所忿，尝骂忠曰：『我忧在前见尔死，不忧尔见

我死时也！』忠曰：『人生于世，自有定分；若应死于王手，避亦不免；若其不尔，王不能杀！』忠以讨咸阳王禧功，封魏郡公，迁散骑常侍，兼武卫将军。详因忠表让之际，密劝魏主以忠为列卿，令解左右，听其让爵。于是诏停其封，优进太府卿。

巴东献武公萧颖胄以萧璝与蔡道恭相持不决，忧愤成疾；壬午，卒。夏侯详秘之，使似其书者假为教命，密报萧衍，衍亦秘之。详征兵雍州，萧伟遣萧憺将兵赴之。璝等闻建康已危，众惧而溃，璝及鲁休烈皆降。乃发颖胄丧，赠侍中、丞相；于是众望尽归于衍。夏侯详请与萧憺共参军国，诏以详为侍中、尚书右仆射，寻除使持节、抚军将军荆州刺史。详固让于憺，乃以憺行荆州府州事。

魏改筑圜丘于伊水之阳；乙卯，始祀于其上。

魏镇南将军元英上书曰：『萧宝卷荒纵日甚，虐害无辜。其雍州刺史萧衍东伐秣陵，扫土兴兵，顺流而下；唯有孤城，更无重卫，乃皇天授我之日，旷世一逢之秋；此而不乘，将欲何待！臣乞躬帅步骑三万，直指沔阴，据襄阳之城，断黑水之路。昏虐君臣，自相鱼肉；我居上流，威震遐迩，长驱南出，进拔江陵，则三楚之地一朝可收，岷、蜀之道自成断绝。又命扬、徐二州声言俱举，建业穷蹙，鱼游釜中，可以齐文轨而大同，混天地而为一。伏惟陛下独决圣心，无取疑议；此期脱爽，并吞无日。』事寝不报。

车骑大将军源怀上言：『萧衍内侮，宝卷孤危，广陵、淮阴等戍皆观望得失。斯实天启上期，并吞之会；宜东西齐举，以成席卷之势。若使萧衍克济，上下同心，岂惟后图之难，亦恐扬州危逼。何则？寿春之去建康才七百里，山川水陆，皆彼所谙。彼若内外无虞，君臣分定，乘舟藉水，倏忽而至，未易当也。今宝卷都邑有土崩之忧，边城无继援之望，廓清江表，正在今日。』魏主乃以任城王澄为都督淮南诸军事、镇南大将军、开府仪同三司、扬州刺史，使为经略；既而不果。怀，贺之子也。

东豫州刺史田益宗上表曰：『萧氏乱常，君臣交争，江外州镇，中分为两，东西抗峙，已淹岁时。民庶穷于转输，甲兵疲于战斗，事救于目前，力尽于麾下，无暇外维州镇，纲纪庶方，藩城棋立，孤存而已。不乘机电扫，廓彼蛮疆，恐后之经略，未易于此。且故寿春虽平，三面仍梗，镇守之宜，实须豫设。义阳差近淮源，利涉津要，朝廷行师，必由此道。若江南一平，有事淮外，须乘夏水汎长，列舟长淮；师赴寿春，须从义阳之北，便是居我喉要，在虑弥深。义阳之灭，今实时矣。度彼不过须精卒一万二千；然行师之法，贵张形势。请使两荆之众西拟随、雍，扬州之卒顿于建安，得捍三关之援；然后二豫之军直据南关，对抗延头，遣一都督总诸军节度，季冬进师，迄于春

末，不过十旬，克之必矣。』元英又奏称：『今宝卷骨肉相残，藩镇鼎立。义阳孤绝，密迩王土，内无兵储之固，外无粮援之期，此乃欲焚之鸟，不可去薪，授首之寇，岂容缓斧！若失此不取，岂惟后举难图，亦恐更为深患。今豫州刺史司马悦已戒严垂发，东豫州刺史田益宗兵守三关，请遣军司为之节度。』魏主乃遣直寝羊灵引为军司。益宗遂入寇。建宁太守黄天赐与益宗战于赤亭，天赐败绩。

崔慧景之逼建康也，东昏侯拜蒋子文为假黄钺、使持节、相国、太宰、大将军、录尚书事、扬州牧、钟山王；及衍至，又尊子文为灵帝，迎神像入后堂，使巫祷祀求福。及城闭，城中军事悉委王珍国；兖州刺史张稷入卫京师，以稷为珍国之副。稷，瑰之弟也。

时城中实甲犹七万人，东昏素好军陈，与黄门、刀敕及宫人于华光殿前习战斗，诈作被创势，使人以板㧐去，用为厌胜。常于殿中戎服，骑马出入，以金银为铠胄，具装饰以孔翠。昼眠夜起，一如平常。闻外鼓叫声，被大红袍，登景阳楼屋上望之，弩几中之。

始，东昏与左右谋，以为陈显达一战即败，崔慧景围城寻走，谓衍兵亦然，敕太官办樵、米为百日调而已。及大桁之败，众情凶惧。茹法珍等恐士民逃溃，故闭城不复出兵。既而长围已立，堑栅严固；然后出荡，屡战不捷。

东昏尤惜金钱，不肯赏赐；法珍叩头请之，东昏曰：『贼来独取我耶！何为就我求物！』后堂储数百具榜，启为城防；东昏欲留作殿，竟不与。又督御府作三百人精仗，待围解以拟屏除，金银雕镂杂物，倍急于常。众皆怨怠，不为致力。外围既久，城中皆思早亡，莫敢先发。

茹法珍、梅虫儿说东昏曰：『大臣不留意，使围不解，宜悉诛之。』王珍国、张稷惧祸，珍国密遣所亲献明镜于萧衍，衍断金以报之。兖州中兵参军冯翊张齐，稷之腹心也，珍国因齐密与稷谋同弑东昏。齐夜引珍国就稷，造膝定计，齐自执烛；又以计告后阁舍人钱强。十二月，丙寅夜，强密令人开云龙门，珍国、稷引兵入殿，御刀丰勇之为内应。东昏在含德殿作笙歌，寝未熟，闻兵入，趋出北户，欲还后宫，门已闭。宦者黄泰平刀伤其膝，仆地，张齐斩之。稷召尚书右仆射王亮等列坐殿前西钟下，令百僚署笺，以黄油裹东昏首，遣国子博士范云等送诣石头。右卫将军王志叹曰：『冠虽弊，何可加足！』取庭中树叶挼服之，伪闷，不署名。衍览笺无志名，心嘉之。亮，莹之从弟；志，僧虔之子也。

衍与范云有旧，即留参帷幄。王亮在东昏朝，以依违取容。萧衍至新林，百僚皆间

道送款，亮独不遣。东昏败，亮出见衍，衍曰：「颠而不扶，安用彼相！」亮曰：「若其可扶，明公岂有今日之举！」城中出者，或被劫剥。杨公则亲帅麾下陈于东掖门，卫送公卿士民，故出者多由公则营焉。衍使张弘策先入清宫，封府库及图籍。于时城内珍宝委积，弘策禁勒部曲，秋毫无犯。收潘妃及嬖臣茹法珍、梅虫儿、王咺之等四十一人皆属吏。

初，海陵王之废也，王太后出居鄱阳王故第，号宣德宫。己巳，萧衍以宣德太后令追废涪陵王为东昏侯，褚后及太子诵并为庶人。以衍为中书监、大司马、录尚书事、骠骑大将军、扬州刺史，封建安郡公，依晋武陵王遵承制故事，百僚致敬；以王亮为长史。壬申，更封建安王宝寅为鄱阳王。癸酉，以司徒、扬州刺史晋安王宝义为太尉，领司徒。

己卯，衍入屯阅武堂，下令大赦。又下令：「凡昏制谬赋、淫刑滥役外，可详检前原，悉皆除荡；其主守散失诸所损耗，精立科条，咸从原例。」又下令：「通检尚书众曹，东昏时诸诤讼失理及主者淹停不时施行者，精加讯辩，依事议奏。」又下令：「收葬义师，瘗逆徒之死亡者。」

潘妃有国色，衍欲留之，以问侍中、领军将军王茂，茂曰：「亡齐者此物，留之恐贻外议。」乃缢杀于狱，并诛嬖臣茹法珍等。以宫女二千分赉将士。乙酉，以辅国将军萧宏为中护军。

衍之东下也，豫州刺史马仙琕拥兵不附衍，衍使其故人姚仲宾说之，仙琕先为设酒，乃斩于军门以徇。衍又遣其族叔怀远说之，仙琕曰：「大义灭亲。」又欲斩之；军中为请，乃得免。衍至新林，仙琕犹于江西日抄运船。衍围宫城，州郡皆遣使请降，吴兴太守袁昂独拒境不受命。昂，颉之子也。

衍使驾部郎考城江革为书与昂曰：「根本既倾，枝叶安附？今竭力昏主，未足为忠；家门屠灭，非所谓孝。岂若翻然改图，自招多福！」昂复书曰：「三吴内地，非用兵之所；况以偏隅一郡，何能为役！自承麾旆届止，莫不膝袒军门。惟仆一人敢后至者，政以内揆庸素，文武无施，虽欲献心，不增大师之勇；置其愚默，宁沮众军之威。幸藉将军含弘之大，可得从容以礼。窃以一餐微施，尚复投殒；况食人之禄而顿忘一旦，非惟物议不可，亦恐明公鄙之，所以踌躇，未遑荐璧。」

昂问时事于武康令北地傅映，映曰：「昔元嘉之末，开辟未有，故太尉杀身以明节。司徒当寄托之重，理无苟全，所以不顾夷险以循名义。今嗣主昏虐，曾无悛改；荆、雍协举，乘据上流，天人之意可知。愿明府深虑，无取后悔。」及建康平，衍使豫州刺史李元履巡抚东土，敕元履曰：「袁昂道素之门，世有忠节，天下须共容之，勿以兵威陵之。」元履至吴兴，宣衍旨；昂亦不请降，开门撤备而已。

仙琕闻台城不守，号泣谓将士曰：「我受人任寄，义不容降。君等皆有父母，我为忠臣，君为孝子，不亦可乎！」乃悉遣城内兵出降，余壮士数十，闭门独守。俄而兵入，围之数十重；仙琕令士皆持满，兵不敢近。日暮，仙琕乃投弓曰：「诸君但来见取，我义不降！」乃槛送石头。衍释之，使待袁昂至，俱入，曰：「令天下见二义士。」衍谓仙琕曰：「射钩、斩袪，昔人所美。卿勿以杀使断运自嫌。」仙琕谢曰：「小人如失主犬，后主饲之，则复为用矣。」衍笑，皆厚遇之。丙戌，萧衍入镇殿中。

刘希祖既克安成，移檄湘部，始兴内史王僧粲应之。僧粲自称湘州刺史，引兵袭长沙。去城百余里，于是湘州郡县兵皆蜂起以应僧粲，唯临湘、湘阴、浏阳、罗四县尚全。长沙人皆欲泛舟走。行事刘坦悉聚其舟焚之，遣军主尹法略拒僧粲，战数不利。前湘州镇军钟玄绍潜结士民数百人，刻日翻城应僧粲。坦闻其谋，阳为不知，因理讼至夜，而城门遂不闭，以疑之。玄绍未发，明旦，诣坦问其故，坦久留与语，密遣亲兵收其家；玄绍在坐，而收兵已报，具得其文书本末。玄绍即首服，于坐斩之。焚其文书，余党悉无所问。众愧且服，州部遂安。法略与僧粲相持累月，建康城平，杨公则还州，僧粲等散走。王丹为郡人所杀，刘希祖亦举郡降。公则克己廉慎，善于绥抚，湘州户口几复其旧。

资治通鉴卷第一百四十五

梁纪一 起玄黓敦牂，尽阏逢涒滩，凡三年。

高祖武皇帝一

天监元年（壬午，公元五〇二年）

春，正月，齐和帝遣兼侍中席阐文等慰劳建康。

大司马衍下令：『凡东昏时浮费，自非可以习礼乐之容、缮甲兵之备者，馀皆禁绝。』

戊戌，迎宣德太后入宫，临朝称制，衍解承制。

己亥，以宁朔将军萧昺监南兖州诸军事。昺，衍之从父弟也。

壬寅，进大司马衍都督中外诸军事，剑履上殿，赞拜不名。

己酉，以大司马长史王亮为中书监，兼尚书令。

初，大司马与黄门侍郎范云、南清河太守沈约、司徒右长史任昉同在竟陵王西邸，意好敦密，至是，引云为大司马咨议参军、领录事，约为骠骑司马，昉为记室参军，与参谋议。前吴兴太守谢朏、国子祭酒何胤，先皆弃官家居，衍奏征为军谘祭酒，朏、胤皆不至。

大司马内有受禅之志。沈约微扣其端，大司马不应；他日，又进曰：『今与古异，不可以淳风期物。士大夫攀龙附凤者，皆望有尺寸之功。今童儿牧竖皆知齐祚已终，明公当承其运；天文谶记又复炳然。天心不可违，人情不可失。苟历数所在，虽欲谦光，亦不可得已。』大司马曰：『吾方思之。』约曰：『公初建牙樊、沔，此时应思；今王业已成，何所复思！若不早定大业，脱有一人立异，即损威德。且人非金石，时事难保，岂可以建安之封遗之子孙！若天子还都，公卿在位，则君臣分定，无复异心。君明于上，臣忠于下，岂复有人方更同公作贼！』大司马然之。约出，大司马召范云告之，云对略同约旨。大司马曰：『智者乃尔暗同。卿明早将休文更来！』云出，语约，约曰：『卿必待我！』云许诺，而约先期入。大司马命草具其事，约乃出怀中诏书并诸选置，大司马初无所改。俄而云自外来，至殿门，不得入，徘徊寿光阁外，但云『咄咄！』约出，问曰：『何以见处？』约举手向左，云笑曰：『不乖所望。』有顷，大司马召云入，叹约才智纵横，且曰：『我起兵于今三年矣，功臣诸将实有其劳，然成帝业者，卿二人也！』

甲寅，诏进大司马位相国，总百揆，扬州牧，封十郡为梁公，备九锡之礼，置梁百司，去录尚书之号，骠骑大将军如故。二月，辛酉，梁公始受命。

齐湘东王宝晊，安陆昭王缅之子也，颇好文学。东昏侯死，宝晊望物情归己，坐待法驾。既而王珍国等送首梁公，梁公以宝晊为太常，宝晊心不自安。壬戌，梁公称宝晊谋反，并其弟江陵公宝览、汝南公宝宏皆杀之。

丙寅，诏梁国选诸要职，悉依天朝之制。于是以沈约为吏部尚书兼右仆射，范云为侍中。

梁公纳东昏余妃，颇妨政事，范云以为言，梁公未之从。云与侍中、领军将军王茂同入见，云曰：『昔沛公入关，妇女无所幸，此范增所以畏其志大也。今明公始定建康，海内想望风声，奈何袭乱亡之迹，以女德为累乎！』王茂起拜曰：『范云言是也。公必以天下为念，无宜留此。』梁公默然。云即请以余氏赉王茂，梁公贤其意而许之。明日，赐云、茂钱各百万。

丙戌，诏梁公增封十郡，进爵为王。癸巳，受命，赦国内及府州所统殊死以下。

辛丑，杀齐邵陵王宝攸、晋熙王宝嵩、桂阳王宝贞。

梁王将杀齐诸王，防守犹未急。鄱阳王宝寅家阉人颜文智与左右麻拱等密谋，穿墙夜出宝寅，具小船于江岸，著乌布襦，腰系千馀钱，潜赴江侧。蹑屩徒步，足无完肤。防守者至明追之，宝寅诈为钓者，随流上下十馀里，追者不疑。待散，乃渡西岸投民华文荣家，文荣与其族人天龙、惠连弃家将宝寅遁匿山涧，赁驴乘之，昼伏夜行，抵寿阳之东城。魏戍主杜元伦驰告扬州刺史任城王澄，以车马侍卫迎之。宝寅时年十六，徒步憔悴，见者以为掠卖生口。澄待以客礼，宝寅请丧君斩衰之服，澄遣人晓示情礼，以丧兄齐衰之服给之。澄帅官僚赴吊，宝寅居处有礼，一同极哀之节。寿阳多其义故，皆受慰唁；唯不见夏侯一族，以夏侯详从梁王故也。澄深器重之。

齐和帝东归，以萧憺为都督荆、湘等六州诸军事、荆州刺史。荆州军旅之后，公私空乏，憺厉精为治，广屯田，省力役，存问兵死之家，供其乏困。自以少年居重任，谓佐吏曰：『政之不臧，士君子所宜共惜。吾今开怀，卿其无隐！』于是人人得尽意，民有讼者皆立前待符教，决于俄顷，曹无留事，荆人大悦。

齐和帝至姑孰，丙辰，下诏禅位于梁。

丁巳，庐陵王宝源卒。

鲁阳蛮鲁北燕等起兵攻魏颍州。

夏，四月，辛酉，宣德太后令曰：『西诏至，帝宪章前代，敬禅神器于梁，明可临轩，遣使恭授玺绂，未亡人归于别宫。』壬戌，发策，遣兼太保、尚书令亮等奉皇帝玺绂诣梁宫。丙寅，梁王即皇帝位于南郊，大赦，改元。是日，追赠兄懿为丞相，封长沙

王，谥曰宣武，葬礼依晋安平献王故事。

丁卯，奉和帝为巴陵王，宫于姑孰，优崇之礼，皆仿齐初。奉宣德太后为齐文帝妃，王皇后为巴陵王妃。齐世王、侯封爵，悉从降省，唯宋汝阴王不在除例。

追尊皇考为文皇帝，庙号太祖；皇妣为献皇后。追谥妃郗氏为德皇后。封文武功臣车骑将军夏侯详等十五人为公、侯。立皇弟中护军宏为临川王，南徐州刺史秀为安成王，雍州刺史伟为建安王，左卫将军恢为鄱阳王，荆州刺史憺为始兴王，以宏为扬州刺史。

丁卯，以中书监王亮为尚书令，相国左长史王莹为中书监，吏部尚书沈约为尚书仆射，长兼侍中范云为散骑常侍、吏部尚书。

诏凡后宫、乐府、西解、暴室诸妇女一皆放遣。

戊辰，巴陵王卒。时上欲以南海郡为巴陵国，徙王居之。沈约曰：『古今殊事，魏武所云「不可慕虚名而受实祸」。』上颔之，乃遣所亲郑伯禽诣姑孰，以生金进王。王曰：『我死不须金，醇酒足矣。』乃饮沉醉；伯禽就折杀之。

王之镇荆州也，琅邪颜见远为录事参军。及即位，为治书侍御史兼中丞。既禅位，见远不食数日而卒。上闻之，曰：『我自应天从人，何预天下士大夫事，而颜见远乃至于此！』

庚午，诏：『有司依周、汉故事，议赎刑条格，凡在官身犯鞭杖之罪，悉入赎停罚，其台省令史、士卒欲赎者听之。』

以谢沭县公宝义为巴陵王，奉齐祀。宝义幼有废疾，不能言，故独得全。

齐南康侯子恪及弟祁阳侯子范尝因事入见，上从容谓曰：『天下公器，非可力取，苟无期运，虽项籍之力终亦败亡。宋孝武性猜忌，兄弟粗有令名者皆鸩之，朝臣以疑似枉死者相继。然或疑而不能去，或不疑而卒为患，如卿祖以材略见疑，而无如之何，湘东以庸愚不疑，而子孙皆死其手。我于时已生，彼岂知我应有今日！固知有天命者非人所害。我初平建康，人皆劝我除去卿辈以壹物心，我于时依而行之，谁谓不可！正以江左以来，代谢之际，必相屠灭，感伤和气，所以国祚不长。又，齐、梁虽云革命，事异前世，我与卿兄弟虽复绝服，宗属未远，齐业之初亦共甘苦，情同一家，岂可遽如行路之人！卿兄弟果有天命，非我所杀；若无天命，何忽行此！当足示无度量耳。且建武涂炭卿门，我起义兵，非唯自雪门耻，亦为卿兄弟报仇。卿若能在建武、永元之世拨乱反正，我岂得不释戈推奉邪！我自取天下于明帝家，非取之于卿家也。昔刘子舆自称成帝子，光武言：『假使成帝更生，天下亦不可复得，况子舆乎！』曹志，魏武帝之孙，为

晋忠臣。况卿今日犹是宗室，我方坦然相期，卿无复怀自外之意！小待，当自知我寸心。」子恪兄弟凡十六人，皆仕梁，子恪、子范、子质、子显、子云、子晖并以才能知名，历官清显，各以寿终。

诏征谢朏为左光禄大夫、开府仪同三司，何胤为右光禄大夫，何点为侍中。胤、点终不就。

癸酉，诏：「公车府谤木、肺石傍各置一函，若肉食莫言，欲有横议，投谤木函；若以功劳才器冤沉莫达，投肺石函。」

上身服浣濯之衣，常膳唯以菜蔬。每简长吏，务选廉平，皆召见于前，勖以政道。擢尚书殿中郎到溉为建安内史，左户侍郎刘𩅦为晋安太守，二人皆以廉洁著称。溉，彦之曾孙也。又著令：「小县令有能，迁大县，大县有能，迁二千石。」以山阴令丘仲孚为长沙内史，武康令东海何远为宣城太守。由是廉能莫不知劝。

鲁阳蛮围魏湖阳，抚军将军李崇将兵击破之，斩鲁北燕；徙万馀户于幽、并诸州及六镇，寻叛南走，所在追讨，比及河，杀之皆尽。

闰月，丁巳，魏顿丘匡公穆亮卒。

齐东昏侯嬖臣孙文明等，虽经赦令，犹不自安。五月，乙亥夜，帅其徒数百人，因运荻炬，束仗入南、北掖门作乱。烧神虎门、总章观，入卫尉府，杀卫尉洮阳愍侯张弘策。前军司马吕僧珍直殿内，以宿卫兵拒之，不能却。上戎服御前殿，曰：「贼夜来，是其众少，晓则走矣。」命击五鼓，领军将军王茂、骁骑将军张惠绍闻难，引兵赴救，盗乃散走；讨捕，悉诛之。

江州刺史陈伯之，目不识书，得文牒辞讼，唯作大诺而已。有事，典签传口语，与夺决于主者。豫章人邓缮、永兴人戴永忠有旧恩于伯之，伯之以缮为别驾，永忠为记室参军。河南褚緭居建康，素薄行，仕宦不得志，频造尚书范云，云不礼之。緭怒，私谓所亲曰：「建武以后，草泽下族悉化成贵人，吾何罪而见弃！今天下草创，饥馑不已，丧乱未可知。陈伯之拥强兵在江州，非主上旧臣，有自疑之意；且荧惑守南斗，讵非为我出邪！今者一行事若无成，入魏不失作河南郡守。」遂投伯之，大见亲狎。伯之又以乡人朱龙符为长流参军，并乘伯之愚暗，恣为奸利。

上闻之，使陈虎牙私戒伯之，又遣人代邓缮为别驾。伯之并不受命，表云：「龙符骁勇，邓缮有绩效；台所遣别驾，请以为治中。」缮于是日夜说伯之云：「台家府藏空竭，复无器仗，三仓无米，东境饥流，此万世一时也，机不可失！」緭、永忠等共赞成之。伯之谓缮：「今启卿，若复不得，即与卿共反。」上敕伯之以部内一郡处缮，于是

[illegible]

資治通鑑　卷第一百四十五　四

[illegible]

伯之集府州僚佐谓曰：「奉齐建安王教，帅江北义勇十万，已次六合，见使以江州见力运粮速下。我荷明帝厚恩，誓死以报。」即命纂严，使缙诈为萧宝寅书以示僚佐，于听事前为坛，歃血共盟。

缙说伯之曰：「今举大事，宜引众望。长史程元冲，不与人同心；临川内史王观，僧虔之孙，人身不恶，可召为长史以代元冲。」伯之从之，仍以缙为寻阳太守，永忠为辅义将军，龙符为豫州刺史。观不应命。豫章太守郑伯伦起郡兵拒守。程元冲既失职，于家合帅数百人，乘伯之无备，突入至听事前；伯之自出格斗，元冲不胜，逃入庐山。伯之密遣信报虎牙兄弟，皆逃奔盱眙。

戊子，诏以领军将军王茂为征南将军、江州刺史，帅众讨之。

魏扬州小岘戍主党法宗袭大岘戍，破之，虏龙骧将军邾菩萨。

陈伯之闻王茂来，谓褚缙等曰：「王观既不就命，郑伯伦又不肯从，便应空手受困。今先平豫章，开通南路，多发丁力，益运资粮，然后席卷北向，以扑饥疲之众，不忧不济。」六月，留乡人唐盖人守城，引兵趣豫章，攻伯伦，不能下。王茂军至，伯之表里受敌，遂败走，间道渡江，与虎牙等及褚缙俱奔魏。

上遣左右陈建孙送刘季连子弟三人入蜀，使谕旨慰劳。季连受命，饬还装，益州刺

史邓元起始得之官。

初，季连为南郡太守，不礼于元起。都录朱道琛有罪，季连欲杀之，逃匿得免。至是，道琛为元起典签，说元起曰：「益州乱离已久，公私虚耗。刘益州临归，岂办远遣迎候！道琛请先使检校，缘路奉迎，不然，万里资粮，未易可得。」元起许之。道琛既至，言语不恭，又历造府州人士，见器物，辄夺之，有不获者，语曰：「会当属人，何须苦惜！」于是军府大惧，谓元起至必诛季连，祸及党与，竟言之于季连。季连亦以为然，且惧昔之不礼于元起，乃召兵算之，有精甲十万，叹曰：「据天险之地，握此强兵，进可以匡社稷，退不失作刘备，舍此安之？」遂召佐史，矫称齐宣德太后令，聚兵复反，收朱道琛，杀之。召巴西太守朱士略及涪令李膺，并不受命。是月，元起至巴西，士略开门纳之。

先是，蜀民多逃亡，闻元起至，争出投附，皆称起义兵应朝廷，军士新故三万馀人。元起在道久，粮食乏绝，或说之曰：「蜀土政慢，民多诈疾，若检巴西一郡籍注，因而罚之，所获必厚。」元起然之。李膺谏曰：「使君前有严敌，后无继援，山民始附，于我观德。若纠以刻薄，民必不堪；众心一离，虽悔无及。何必起疾可以济师！膺请出图之，不患资粮不足也。」元起曰：「善。一以委卿！」膺退，帅富民上军资米，得三

万斛。

秋，八月，丁未，命尚书删定郎济阳蔡法度损益王植之集注旧律，为《梁律》，仍命与尚书令王亮、侍中王莹、尚书仆射沈约、吏部尚书范云等九人同议定。

上素善钟律，欲厘正雅乐，乃自制四器，名之为『通』。每通施三弦，黄钟弦用二百七十丝，长九尺，应钟弦用一百四十二丝，长四尺七寸四分差强，中间十律，以是为差。因以通声转推月气，悉无差违，而还得相中。又制十二笛，黄钟笛长三尺八寸，应钟笛长二尺三寸，中间十律以是为差，以写通声，饮古钟玉律，并皆不差。于是被以八音，施以七声，莫不和韵。先是，宫悬止有四鎛钟，杂以编钟、编磬、衡钟凡十六虡。上始命设十二鎛钟，各有编钟、编磬，凡三十六虡，而去衡钟，四隅植建鼓。

魏高祖之丧，前太傅平阳公丕自晋阳来赴，遂留洛阳。丕年八十馀，历事六世，位极公辅，而还为庶人。魏主以其宗室耆旧，矜而礼之。乙卯，以丕为三老。

魏扬州刺史任城王澄表请攻钟离，魏主使羽林监敦煌范绍诣寿阳，共量进止。澄曰：『当用兵十万，往来百日，乞朝廷速办粮仗。』绍曰：『今秋已向末，方欲调发，兵仗可集，粮何由致！有兵无粮，何以克敌！』澄沉思良久，曰：『实如卿言。』乃止。

九月，丁巳，魏主如邺。冬，十月，庚子，还至怀。与宗室近侍射远，帝射三百五十馀步，群臣刻铭以美之。甲辰，还洛阳。

十一月，己未，立小庙以祭太祖之母，每祭太庙毕，以一太牢祭之。

甲子，立皇子统为太子。

魏洛阳宫室始成。

十二月，将军张嚣之侵魏淮南，取木陵戍；魏任城王澄遣辅国将军成兴击之，甲辰，嚣之败走，魏复取木陵。

刘季连遣其将李奉伯等拒邓元起，元起与战，互有胜负。久之，奉伯等败，还成都，元起进屯西平。季连驱略居民，闭城固守。元起进屯蒋桥，去成都二十里，留辎重于郫。奉伯等间道袭郫，陷之，军备尽没。元起舍郫，径围州城；城局参军江希之谋以城降，不克而死。

魏陈留公主寡居，仆射高肇、秦州刺史张彝皆欲尚之，公主许彝而不许肇。肇怒，谮彝于魏主，彝坐沉废累年。

是岁，江东大旱，米斗五千，民多饿死。

二年（癸未，公元五〇三年）

春，正月，乙卯，以尚书仆射沈约为左仆射，吏部尚书范云为右仆射，尚书令王亮

为左光禄大夫。丙辰，亮坐正旦诈疾不登殿，削爵，废为庶人。

乙亥，魏主耕籍田。

魏梁州氐杨会叛，行梁州事杨椿等讨之。

成都城中食尽，升米三千，人相食。刘季连食粥累月，计无所出。上遣主书赵景悦宣诏受季连降，季连肉袒请罪。邓元起迁季连于城外，俄而造焉，待之以礼。季连谢曰：「早知如此，岂有前日之事！」郫城亦降。元起诛李奉伯等，送季连诣建康。初，元起在道，惧事不集，无以为赏，士之至者皆许以辟命，于是受别驾、治中檄者将二千人。

季连至建康，入东掖门，数步一稽颡，以至上前。上笑曰：「卿欲慕刘备，而曾不及公孙述，岂无卧龙之臣邪！」赦为庶人。

三月，己巳，魏皇后蚕于北郊。

庚辰，魏扬州刺史任城王澄遣长风戍主奇道显入寇，取阴山、白藁二戍。

萧宝寅伏于魏阙之下，请兵伐梁，虽暴风大雨，终不暂移；会陈伯之降魏，亦请兵自效。魏主乃引八坐、门下入定议。夏，四月，癸未朔，以宝寅为都督东扬等三州诸军事、镇东将军、扬州刺史、丹阳公、齐王，礼赐甚厚，配兵一万，令屯东城；以伯之为都督淮南诸军事、平南将军、江州刺史，屯阳石，俟秋冬大举。宝寅明当拜命，自夜恸哭至晨。魏人又听宝寅募四方壮勇，得数千人，以颜文智、华文荣等六人皆为将军、军主。宝寅志性雅重，过期犹绝酒肉，惨形悴色，蔬食粗衣，未尝嬉笑。

癸卯，蔡法度上《梁律》二十卷、《令》三十卷、《科》四十卷。诏班行之。

五月，丁巳，霄城文侯范云卒。云尽心事上，知无不为，临繁处剧，精力过人。及卒，众谓沈约宜当枢管，上以约轻易，不如尚书左丞徐勉，乃以勉及右卫将军汝南周舍同参国政。舍雅量不及勉，而清简过之，两人俱称贤相，常留省内，罕得休下。勉或时还宅，群犬惊吠；每有表奏，辄焚其稿。舍预机密二十余年，未尝离左右，国史、诏诰、仪体、法律、军旅谋谟皆掌之。与人言谑，终日不绝，而竟不漏泄机事，众尤服之。

壬申，断诸郡县献奉二官，惟诸州及会稽许贡任土，若非地产，亦不得贡。

甲戌，魏杨椿等大破叛氐，斩首数千级。

六月，壬午朔，魏立皇弟悦为汝南王。

魏扬州刺史任城王澄表称：「萧衍频断东关，欲令巢湖泛溢以灌淮南诸戍。吴、楚便水，且灌且掠，淮南之地将非国有。寿阳去江五百余里，众庶惶惶，并惧水害，脱乘

民之愿，攻敌之虚，豫勒诸州，纂集士马，首秋大集，应机经略，虽混壹不能必果，江西自是无虞矣。』丙戌，魏发冀、定、瀛、相、并、济六州二万人，马一千五百匹，令仲秋之中毕会淮南，并寿阳先兵三万，委澄经略；萧宝寅、陈伯之皆受澄节度。

谢朏轻舟出诣阙，诏以为侍中、司徒、尚书令。朏辞脚疾不堪拜谒，角巾自舆诣云龙门谢。诏见于华林园，乘小车就席。明旦，上幸朏宅，宴语尽欢。朏固陈本志，不许；因请自还东迎母，许之。临发，上复临幸，赋诗饯别；王人送迎，相望于道。及还，诏起府于旧宅，礼遇优异。朏素惮烦，不省职事，众颇失望。

甲午，以中书监王莹为尚书右仆射。

秋，七月，乙卯，魏平阳平公丕卒。

魏既罢盐池之禁，而其利皆为富强所专。庚午，复收盐池利入公。

辛未，魏以彭城王勰为太师；勰固辞。魏主赐诏敦谕，又为家人书，祈请恳至；勰不得已，受命。

八月，庚子，魏以镇南将军元英都督征义阳诸军事。司州刺史蔡道恭闻魏军将至，遣骁骑将军杨由帅城外居民三千馀家保贤首山，为三栅。冬，十月，元英勒诸军围贤首栅，栅民任马驹斩由降魏。

任城王澄命统军党法宗、傅竖眼、太原王神念等分兵寇东关、大岘、淮陵、九山，高祖珍将兵三千骑为游军，澄以大军继其后。竖眼，灵越之子也。魏人拔关要、颍川、大岘三城，白塔、牵城、清溪皆溃。徐州刺史司马明素将兵三千救九山，徐州长史潘伯邻救淮陵，宁朔将军王燮保焦城。党法宗等进拔焦城，破淮陵，十一月，壬午，擒明素，斩伯邻。

先是，南梁太守冯道根戍阜陵，初到，修城隍，远斥候，如敌将至，众颇笑之。道根曰：『怯防勇战，此之谓也。』城未毕，党法宗等众二万奄至城下，众皆失色。道根命大开门，缓服登城，选精锐二百人出与魏兵战，破之。魏人见其意思闲暇，战又不利，遂引去。道根将百骑击高祖珍，破之。魏诸军粮运绝，引退。以道根为豫州刺史。

武兴安王杨集始卒。己未，魏立其世子绍先为武兴王。绍先幼，国事决于二叔父集起、集义。

乙亥，尚书左仆射沈约以母忧去职。

魏既迁洛阳，北边荒远，因以饥馑，百姓困弊。魏主加尚书左仆射源怀侍中、行台，使持节巡行北边六镇、恒、燕、朔三州，赈给贫乏，考论殿最，事之得失皆先决后闻。怀通济有无，饥民赖之。沃野镇将于祚，皇后之世父，与怀通婚。时于劲方用事，

势倾朝野，祚颇有受纳。怀将入镇，祚郊迎道左，怀不与语，即劾奏免官。怀朔镇将元尼须与怀旧交，贪秽狼籍，置酒请怀，谓怀曰：「命之长短，系卿之口，岂可不相宽贷！」怀曰：「今日源怀与故人饮酒之坐，非鞫狱之所也。明日公庭始为使者检镇将罪状之处耳。」尼须挥泪无以对，竟按劾抵罪。怀又奏：「边镇事少而置官猥多，沃野一镇自将以下八百馀人；请一切五分损二。」魏主从之。

乙酉，将军吴子阳与魏元英战于白沙，子阳败绩。

魏东荆州蛮樊素安作乱。乙酉，以左卫将军李崇为镇南将军、都督征蛮诸军事，将步骑讨之。

冯翊吉翂父为原乡令，为奸吏所诬，逮诣廷尉，罪当死。翂年十五，挝登闻鼓，乞代父命。上以其幼，疑人教之，使廷尉卿蔡法度严加诱胁，取其款实。法度盛陈拷讯之具，诘翂曰：「尔求代父，敕已相许，审能死不？且尔童騃，若为人所教，亦听悔异。」翂曰：「囚虽愚幼，岂不知死之可惮！顾不忍见父极刑，故求代之。此非细故，奈何受人教邪！明诏听代，不异登仙，岂有回贰！」法度乃更和颜诱之曰：「主上知尊侯无罪，行当得释，观君足为佳童，今若转辞，幸可父子同济。」翂曰：「父挂深劾，必正刑书；囚瞑目引领，唯听大戮，无言复对。」时翂备加杻械，法度愍之，命更著小者。翂不听，曰：「死罪之囚，唯宜益械，岂可减乎？」竟不脱。法度具以闻，上乃宥其父罪。

丹阳尹王志求其在廷尉事，并问乡里，欲于岁首举充纯孝。翂曰：「异哉王尹，何量翂之薄乎！父辱子死，道固当然；若翂当此举乃是因父取名，何辱如之！」固拒而止。

魏主纳高肇兄偃之女为贵嫔。

魏散骑常侍赵修，寒贱暴贵，恃宠骄恣，陵轹王公，为众所疾。魏主为修治第舍，拟于诸王，邻居献地者或超补大郡。修请告归葬其父，凡财役所须，并从官给。修在道淫纵，左右乘其出外，颇发其罪恶；及还，旧宠小衰。高肇密构成其罪，侍中、领御史中尉甄琛、黄门郎李凭、廷尉卿阳平王显，素皆谄附于修，至是惧相连及，争助肇攻之。帝命尚书元绍检讯，下诏暴其奸恶，免死，鞭一百，徙敦煌为兵。而修愚疏，初不之知，方在领军于劲第樗蒱，羽林数人称诏呼之，送诣领军府。甄琛、王显监罚，先具问事有力者五人，迭鞭之，欲令必死。修素肥壮，堪忍楚毒，密加鞭至三百不死。即召驿马，促之上道，出城不自胜，举缚置鞍中，急驱之，行八十里，乃死。帝闻之，责元绍不重闻，绍曰：「修之佞幸，为国深蠹，臣不因衅除之，恐陛下受万世之谤。」帝以

其言正，不罪也。绍出，广平王怀拜之曰：『翁之直过于汲黯。』绍曰：『但恨戮之稍晚，以为愧耳。』绍，素之孙也。明日，甄琛、李凭以修党皆坐免官，左右与修连坐死黜者二十馀人。散骑常侍高聪与修素亲狎，而又以宗人谄事高肇，故独得免。

三年（甲申，公元五〇四年）

春，正月，庚戌，征虏将军赵祖悦与魏江州刺史陈伯之战于东关，祖悦败绩。

癸丑，以尚书右仆射王莹为左仆射，太子詹事柳惔为右仆射。

丙辰，魏东荆州刺史杨大眼击叛蛮樊季安等，大破之。季安，素安之弟也。

丙寅，魏大赦，改元正始。

萧宝寅行及汝阴，东城已为梁所取，乃屯寿阳栖贤寺。二月，戊子，将军姜庆真乘魏任城王澄在外，袭寿阳，据其外郭。长史韦缵仓猝失图；任城太妃孟氏勒兵登陴，先守要便，激厉文武，安慰新旧，劝以赏罚，将士咸有奋志。太妃亲巡城守，不避矢石。萧宝寅引兵至，与州军合击之，自四鼓战至下晡，庆真败走。韦缵坐免官。

任城王澄攻钟离，上遣冠军将军张惠绍等将兵五千送粮诣钟离，澄遣平远将军刘思祖等邀之。丁酉，战于邵阳；大败梁兵，俘惠绍等十将，杀虏士卒殆尽。思祖，芳之从子也。尚书论思祖功，应封千户侯；侍中、领右卫将军元晖求二婢于思祖，不得，事遂寝。晖，素之孙也。

上遣平西将军曹景宗、后军王僧炳等帅步骑三万救义阳。僧炳将二万人据凿岘，景宗将万人为后继，元英遣冠军将军元逞等据樊城以拒之。三月，壬申，大破僧炳于樊城，俘斩四千馀人。

魏诏任城王澄，以『四月淮水将涨，舟行无碍。南军得时，勿昧利以取后悔。』会大雨，淮水暴涨，澄引兵还寿阳。魏军还既狼狈，失亡四千馀人。中书侍郎齐郡贾思伯为澄军司，居后为殿，澄以其儒者，谓之必死，及至，大喜曰：『「仁者必有勇」，于军司见之矣。』思伯托以失道，不伐其功。有司奏夺澄开府，仍降三阶。上以所获魏将士请易张惠绍于魏，魏人归之。

魏太傅、领司徒、录尚书北海王详，骄奢好声色，贪冒无厌，广营第舍，夺人居室，嬖昵左右，所在请托，中外嗟怨。魏主以其尊亲，恩礼无替，军国大事皆与参决，所奏请无不开允。魏主之初亲政也，以兵召诸叔，详与咸阳、彭城王共车而入，防方严固，高太妃大惧，乘车随而哭之。既得免，谓详曰：『自今不愿富贵，但使母子相保，与汝扫市为生耳。』及详再执政，太妃不复念前事，专助详为贪虐。冠军将军茹皓，以巧思有宠于帝，常在左右，传可门下奏事，弄权纳贿，朝野惮之，详亦附焉。皓娶尚书

令高肇从妹，皓妻之姊为详从父安定王燮之妃；祥烝于燮妃，由是与皓益相昵狎。直阁将军刘胄，本详所引荐，殿中将军常季贤以善养马，陈扫静掌栉，皆得幸于帝，与皓相表里，卖权势。

高肇本出高丽，时望轻之。帝既黜六辅，诛咸阳王禧，专委事于肇。肇以在朝亲族至少，乃邀结朋援，附之者旬月超擢，不附者陷以大罪。尤忌诸王，以详位居其上，欲去之，独执朝政，乃谮之于帝，云「详与皓、胄、季贤、扫静谋为逆乱」。夏，四月，帝夜召中尉崔亮入禁中，使弹奏详贪淫奢纵，及皓等四人怙权贪横，收皓等系南台，遣虎贲百人围守详第。又虑详惊惧逃逸，遣左右郭翼开金墉门驰出谕旨，示以中尉弹状，详曰：「审如中尉所纠，何忧也！正恐更有大罪横至耳。人与我物，我实受之。」诘朝，有司奏处皓等罪，皆赐死。

帝引高阳王雍等五王入议详罪。详单车防卫，送华林园，母妻随入，给小奴弱婢数人，围守甚严，内外不通。五月，丁未朔，下诏宥详死，免为庶人。顷之，徙详于太府寺，围禁弥急，母妻皆还南第，五日一来视之。

初，详娶宋王刘昶女，待之疏薄。详既被禁，高太妃乃知安定高妃事，大怒曰：「汝妻妾盛多如此，安用彼高丽婢，陷罪至此！」杖之百馀，被创脓溃，旬馀乃能立。又杖刘妃数十，曰：「妇人皆妒，何独不妒！」刘妃笑而受罚，卒无所言。

详家奴数人阴结党辈，欲劫出详，密书姓名，托侍婢通于详。详始得执省，而门防主司遥见，突入就详手中揽得，奏之。详恸哭数声，暴卒。诏有司以礼殡葬。

先是，典事史元显献鸡雏，四翼四足，诏以问侍中崔光。光上表曰：「汉元帝初元中，丞相府史家雌鸡伏子，渐化为雄，冠距鸣将。永光中，有献雄鸡生角，刘向以为『鸡者小畜，主司时起居人，小臣执事为政之象也。』竟宁元年，石显伏辜，此其效也。灵帝光和元年，南宫寺雌鸡欲化为雄，但头冠未变，诏以问议郎蔡邕，对曰：『头为元首，人君之象也。今鸡一身已变，未至于头，而上知之，是将有其事而不遂成之象也。若应之不精，政无所改，头冠或成，为患滋大。』是后黄巾破坏四方，天下遂大乱。今之鸡状虽与汉不同，而其应颇相类，诚可畏也。臣以向、邕言推之，翼足众多，亦群下相扇助之象；雏而未大，足羽差小，亦其势尚微，易制御也。臣闻灾异之见，皆所以示吉凶。明君睹之而惧，乃能致福；暗主睹之而慢，所以致祸。或者今亦有自贱而贵，关预政事，如前世石显之比者邪！愿陛下进贤黜佞，则妖弭庆集矣。」后数日，皓等伏诛，帝愈重光。

高肇说帝，使宿卫队主帅羽林虎贲守诸王第，殆同幽禁。彭城王勰切谏，不听。勰

卫尉郑绍叔忠于事上，外所闻知，纤豪无隐。每为上言事，善则推功于上，不善则引咎归己，上以是亲之。诏于南义阳置司州，移镇关南，以绍叔为刺史。绍叔立城隍，缮器械，广田积谷，招集流散，百姓安之。

魏置郢州于义阳，以司马悦为刺史。上遣马仙琕筑竹敦、麻阳二城于三关南，司马悦遣兵攻竹敦，拔之。

九月，壬子，以吐谷浑王伏连筹为西秦、河二州刺史、河南王。

柔然侵魏之沃野及怀朔镇，诏车骑大将军源怀出行北边，指授方略，随须征发，皆以便宜从事。怀至云中，柔然遁去。怀以为用夏制夷，莫如城郭。还至恒、代，按视诸镇左右要害之地，可以筑城置戍之处，欲东西为九城，及储粮积仗之宜，犬牙相救之势，凡五十八条，表上之，曰："今定鼎成周，去北遥远，代表诸国颇或外叛，仍遭旱饥，戎马甲兵十分阙八。谓宜准旧镇，东西相望，令形势相接，筑城置戍，分兵要害，劝农积粟，警急之日，随便翦讨。彼游骑之寇，终不敢攻城，亦不敢越城南出。如此，北方无忧矣。"魏主从之。

魏太和之十六年，高祖诏中书监高闾与给事中公孙崇考定雅乐，久之，未就。会高祖殂，高闾卒。景明中，崇为太乐令，上所调金石及书。至是，世宗始命八座已下议之。

冬，十一月，戊午，魏诏营缮国学。时魏平宁日久，学业大盛，燕、齐、赵、魏之间，教授者不可胜数，弟子著录多者千馀人，少者犹数百，州举茂异，郡贡孝廉，每年逾众。

甲子，除以金赎罪之科。

十二月，丙子，魏诏殿中郎陈郡袁翻等议定律令，彭城王勰等监之。

己亥，魏主幸伊阙。

上雅好儒术，以东晋、宋、齐虽开置国学，不及十年辄废之，其存亦文具而已，无讲授之实。

[illegible]

令。十二月，戊午，魏[illegible]

同。数设者不可胜数。[illegible]

论众。

甲子，诏以金赎罪之科。

十二月，丙子，魏诏殿中郎陈郡袁翻等议定律令。[illegible]

己亥，魏主幸伊阙。

上虑有淮水以来[illegible]文具而已。无

淮陵之失。

志尚高迈，不乐荣势，避事家居，而出无山水之适，处无知己之游，独对妻子，常郁郁不乐。

魏人围义阳，城中兵不满五千人，食才支半岁。魏军攻之，昼夜不息，刺史蔡道恭随方抗御，皆应手摧却，相持百馀日，前后斩获不可胜计。魏军惮之，将退。会道恭疾笃，乃呼从弟骁骑将军灵恩、兄子尚书郎僧勰及诸将佐谓曰：『吾受国厚恩，不能攘灭寇贼，今所苦转笃，势不支久；汝等当以死固节，无令吾没有遗恨！』众皆流涕。道恭卒，灵恩摄行州事，代之城守。

六月，癸未，大赦。

魏大旱，散骑常侍兼尚书邢峦奏称：『昔者明王重粟帛，轻金玉。何则？粟帛养民而安国，金玉无用而败德故也。先帝深鉴奢泰，务崇节俭，至以纸绢为帐扆，铜铁为辔勒，府藏之金，裁给而已，不复买积以费国资。逮景明之初，承升平之业，四境清晏，远迩来同。于是贡篚相继，商估交入，诸所献纳，倍多于常，金玉恒有馀，国用恒不足。苟非为之分限，但恐岁计不充，自今请非要须者一切不受。』魏主纳之。

秋，七月，癸丑，角城戍主柴庆宗以城降魏，魏徐州刺史元鉴遣淮阳太守吴秦生将千馀人赴之。淮阴援军断其路，秦生屡战，破之，遂取角城。

甲子，立皇子综为豫章王。

魏李崇破东荆叛蛮，生擒樊素安，进讨西荆诸蛮，悉降之。

魏人闻蔡道恭卒，攻义阳益急，短兵日接。曹景宗顿凿岘不进，但耀兵游猎而已。上复遣宁朔将军马仙琕救义阳，仙琕转战而前，兵势甚锐。元英结垒于士雅山，分命诸将伏于四山，示之以弱。仙琕乘胜直抵长围，掩英营；英伪北以诱之，至平地，纵兵击之。统军傅永擐甲执槊，单骑先入，唯军主蔡三虎副之，突陈横过。梁兵射永，洞其左股，永拔箭复入。仙琕大败，一子战死，仙琕退走。英谓永曰：『公伤矣，且还营。』永曰：『昔汉高扪足不欲人知，下官虽微，国家一将，奈何使贼有伤将之名！』遂与诸军追之，尽夜而返；时年七十馀矣，军中莫不壮之。仙琕复帅万馀人进击英，英又破之，杀将军陈秀之。仙琕知义阳危急，尽锐决战，一日三交，皆大败而返。蔡灵恩势穷，八月，乙酉，降于魏。三关戍将闻之，辛酉，亦弃城走。

英使司马陆希道为露版，嫌其不精，命傅永改之。永不增文彩，直为之陈列军事处置形要而已，英深赏之，曰：『观此经算，虽有金城汤池，不能守矣。』初，南安惠王以预穆泰之谋，追夺爵邑。及英克义阳，乃复立英为中山王。

御史中丞任昉奏弹曹景宗，上以其功臣，寝而不治。

资治通鉴卷第一百四十六

梁纪二 起旃蒙作噩，尽强圉大渊献，凡三年。

高祖武皇帝二

天监四年（乙酉，公元五〇五年）

春，正月，癸卯朔，诏曰：「二汉登贤，莫非经术，服膺雅道，名立行成。魏、晋浮荡，儒教沦歇，风节罔树，抑此之由。可置《五经》博士各一人，广开馆宇，招内后进。」于是以贺玚及平原明山宾、吴兴沈峻、建平严植之补博士，各主一馆，馆有数百生，给其饩廪，其射策通明者即除为吏，期年之间，怀经负笈者云会。玚，循之玄孙也。又选学生，往会稽云门山从何胤受业，命胤选门徒中经明行修者，具以名闻。分遣博士祭酒巡州郡立学。

初，谯国夏侯道迁以辅国将军从裴叔业镇寿阳，为南谯太守，与叔业有隙，单骑奔魏。魏以道迁为骁骑将军，从王肃镇寿阳，使道迁守合肥。肃卒，道迁弃戍来奔，从梁、秦二州刺史庄丘黑镇南郑；以道迁为长史，领汉中太守。黑卒，诏以都官尚书王珍国为刺史，未至，道迁阴与军主考城江忱之等谋降魏。

先是，魏仇池镇将杨灵珍叛魏来奔，朝廷以为征虏将军、假武都王，助戍汉中，有部曲六百人，道迁惮之。上遣左右吴公之等使南郑，道迁遂杀使者，发兵击灵珍父子，斩之，并使者首送于魏。白马戍主尹天宝闻之，引兵击道迁，败其将庞树，遂围南郑。道迁求救于氐王杨绍先、杨集起、杨集义，皆不应，集义弟集朗引兵救道迁，击天宝，杀之。魏以道迁为平南将军、豫州刺史、丰县侯。又以尚书邢峦为镇西将军、都督征梁、汉诸军事，将兵赴之。道迁受平南，辞豫州，且求公爵，魏主不许。

辛亥，上祀南郊，大赦。

乙丑，魏以骠骑大将军高阳王雍为司空，加尚书令广阳王嘉仪同三司。

二月，丙子，魏以宕昌世子梁弥博为宕昌王。

上谋伐魏，壬午，遣卫尉卿杨公则将宿卫兵塞洛口。

壬辰，交州刺史李凯据州反，长史李畟讨平之。

魏邢峦至汉中，击诸城戍，所向摧破。晋寿太守王景胤据石亭，峦遣统军李义珍击走之。魏以峦为梁、秦二州刺史。巴西太守庞景民据郡不下，郡民严玄思聚众自称巴州刺史，附于魏，攻景民，斩之。杨集起、集义闻魏克汉中而惧，闰月，帅群氐叛魏，断汉中粮道，峦屡遣军击破之。

夏，四月，丁巳，以行宕昌王梁弥博为河、凉二州刺史、宕昌王。

冠军将军孔陵等将兵二万戍深杭，鲁方达戍南安，任僧褒等戍石同，以拒魏。邢峦遣统军王足将兵击之，所至皆捷，遂入剑阁。陵等退保梓潼，足又进击，破之。梁州十四郡地，东西七百里，南北千里，皆入于魏。

初，益州刺史当阳侯邓元起以母老乞归，诏征为右卫将军，以西昌侯渊藻代之。渊藻，懿之子也。夏侯道迁之叛也，尹天宝驰使报元起。及魏寇晋寿，王景胤等并遣告急，众劝元起急救之，元起曰：「朝廷万里，军不猝至，若寇贼侵淫，方须扑讨，董督之任，非我而谁，何事匆匆救之！」诏假元起都督征讨诸军事，救汉中，而晋寿已陷。

萧渊藻将至，元起营还装，粮储器械，取之无遗。渊藻入城，恨之；又求其良马，元起曰：「年少郎子，何用马为！」渊藻恚，因醉，杀之。元起麾下围城，哭，且问故，渊藻曰：「天子有诏。」众乃散。遂诬以反，上疑焉。元起故吏广汉罗研诣阙讼之，上曰：「果如我所量也！」使让渊藻曰：「元起为汝报仇，汝为仇报仇，忠孝之道如何！」乃贬渊藻号为冠军将军；赠元起征西将军，谥曰忠侯。

李延寿论曰：元起勤乃胥附，功惟辟土，劳之不图，祸机先陷。冠军之贬，于罚已轻。梁之政刑，于斯为失。私戚之端，自斯而启。年之不永，不亦宜乎！

益州民焦僧护聚众数万作乱，萧渊藻年未弱冠，集僚佐议自击之；或陈不可，渊藻大怒，斩于阶侧。乃乘平肩舆巡行贼垒。贼弓乱射，矢下如雨，从者举楯御矢，渊藻命去之。由是人心大安，击僧护等，皆平之。

六月，庚戌，初立孔子庙。

豫州刺史王超宗将兵围魏小岘。丁卯，魏扬州刺史薛真度遣兼统军李叔仁等击之，超宗兵大败。

冠军将军王景胤、李畎、辅国将军鲁方达等与魏王足战，屡败。秋，七月，足进逼涪城。

八月，壬寅，魏中山王英寇雍州。

庚戌，秦、梁二州刺史鲁方达与魏王足统军纪洪雅、卢祖迁战，败，方达等十五将皆死。壬子，王景胤等又与祖迁战，败，景胤等二十四将皆死。

杨公则至洛口，与魏豫州长史石荣战，斩之。甲寅，将军姜庆真与魏战于羊石，不利，公则退屯马头。

雍州蛮沔东太守田青喜叛降魏。

魏有芝生于太极殿之西序，魏主以示侍中崔光。光上表，以为：「此《庄子》所谓『气蒸成菌』者也。柔脆之物，生于墟落秽湿之地，不当生于殿堂高华之处；今忽有之，

[illegible]

[illegible]王足[illegible]之。[illegible]

[illegible]东西七百里，南北千里，[illegible]八千[illegible]。

[illegible]

[illegible]

[illegible]

[illegible]中。[illegible]

[illegible]

元遥曰：「年少[illegible]，何用此为！」[illegible]

[illegible]曰：「天下[illegible]」[illegible]

上曰：「[illegible]」[illegible]

何？」乃[illegible]

[illegible]曰：[illegible]

[illegible]

益州民[illegible]

资治通鉴

卷第二百四十六

大[illegible]

[illegible]之。由是人心大安，[illegible]

六月，庚戌，[illegible]

[illegible]刺史[illegible]

[illegible]兵大败。

[illegible]将军王[illegible]

[illegible]。

庚戌，秦、梁二州刺史[illegible]

八月，壬寅，[illegible]中山王英[illegible]

[illegible]

[illegible]

公则进[illegible]

[illegible]

[illegible]

「[illegible]」[illegible]

厥状扶疏，诚足异也。夫野木生朝，野鸟入庙，古人皆以为败亡之象，故太戊、中宗惧灾修德，殷道以昌，所谓「家利而怪先，国兴而妖豫」者也。今西南二方，兵革未息，郊甸之内，大旱逾时，民劳物悴，莫此之甚，承天育民者所宜矜恤。伏愿陛下侧躬耸意，惟新圣道，节夜饮之乐，养方富之年，则魏祚可以永隆，皇寿等于山岳矣。」于是魏主好宴乐，故光言及之。

九月，己巳，杨公则等与魏扬州刺史元嵩战，公则败绩。

冬，十月，丙午，上大举伐魏，以扬州刺史临川王宏都督北讨诸军事，尚书右仆射柳惔为副，王公以下各上国租及田谷以助军。宏军于洛口。

杨集起、集义立杨绍先为帝，自皆称王。十一月，戊辰朔，魏遣光禄大夫杨椿将兵讨之。

魏王足围涪城，蜀人震恐，益州城戍降魏者什二三，民自上名籍者五万馀户。邢峦表于魏主，请乘胜进取蜀，以为：「建康、成都，相去万里，陆行既绝，惟资水路。水军西上，非周年不达，益州外无军援，一可图也。顷经刘季连反，邓元起攻围，资储空竭，吏民无复固守之志，二可图也。萧渊藻裙屐少年，未洽治务，宿昔名将，多见囚戮，今之所任，皆左右少年，三可图也。蜀之所恃，唯在剑阁，今既克南安，已夺其险，据彼竟内，三分已一；自南安向涪，方轨无碍，前军累败，后众丧魄，四可图也。渊藻是萧衍骨肉至亲，必无死理，若克涪城，渊藻安肯城中坐而受困，必将望风逃去；若其出斗，庸、蜀士卒驽怯，弓矢寡弱，五可图也。臣内省文吏，不习军旅，赖将士竭力，频有薄捷。既克重阻，民心怀服，瞻望涪、益，旦夕可图。正以兵少粮匮，未宜前出，今若不取，后图便难。况益州殷实，户口十万，比寿春、义阳，其利三倍。朝廷若欲进取，时不可失；若欲保境宁民，则臣居此无事，乞归侍养。」魏主诏以「平蜀之举，当更听后敕。寇难未夷，何得以养亲为辞！」峦又表称：「昔邓艾、钟会帅十八万众，倾中国资储，仅能平蜀，所以然者，斗实力也。况臣才非古人，何宜以二万之众而希平蜀！所以敢者，正以据得要险，士民慕义。此往则易，彼来则难，任力而行，理有可克。今王足已逼涪城，脱得涪，则益州乃成擒之物，但得之有早晚耳。且梓潼已附民户数万，朝廷岂可不守！又，剑阁天险，得而弃之，良可惜矣！臣诚知战伐危事，未易可为。自军度剑阁以来，鬓发中白，日夜战惧，何可为心！所以勉强者，既得此地而自退不守，恐负陛下之爵禄故也。且臣之意算，正欲先取涪城，以渐而进。若得涪城，则中分益州之地，断水陆之冲。彼外无援军，孤城自守，何能复持久哉！臣今欲使军军相次，声势连接，先为万全之计，然后图功；得之则大利，不得则自全。又，巴西、南

郑，相距千四百里，去州迢递，恒多扰动。昔在南之日，以其统绾势难，曾立巴州，镇静夷、獠，梁州藉利，因而表罢。彼土民望，严、蒲、何、杨，非唯一族，虽率居山谷，而豪右甚多，文学风流，亦为不少，但以去州既远，不获仕进。至于州纲，无由厕迹，是以郁怏，多生异图。比道迁建义之始，严玄思自号巴州刺史，克城以来，仍使行事。巴西广袤千里，户馀四万，若于彼立州，镇摄华、獠，则大帖民情，从垫江已还，不劳征伐，自为国有。」魏主不从。

先是，魏主以王足行益州刺史。上遣天门太守张齐将兵救益州，未至，魏主更以梁州军司泰山羊祉为益州刺史。王足闻之，不悦，辄引兵还，遂不能定蜀。久之，足自魏来奔。邢峦在梁州，接豪右以礼，抚小民以惠，州人悦之。峦之克巴西也，使军主李仲迁守之。仲迁溺于酒色，费散兵储，公事谘承，无能见者。峦忿之切齿，仲迁惧，谋叛，城人斩其首，以城来降。

十二月，庚申，魏遣骠骑大将军源怀讨武兴氐，邢峦等并受节度。

司徒、尚书令谢朏以母忧去职。

是岁，大穰，米斛三十钱。

五年（丙戌，公元五〇六年）

春，正月，丁卯朔，魏于后生子昌，大赦。

杨集义围魏关城，邢峦遣建武将军傅竖眼讨之，集义逆战，竖眼击破之。乘胜逐北，壬申，克武兴，执杨绍先，送洛阳。杨集起、杨集义亡走。遂灭其国，以为武兴镇，又改为东益州。

乙亥，以前司徒谢朏为中书监、司徒。

冀州刺史桓和击魏南青州，不克。

魏秦州屠各王法智聚众二千，推秦州主簿吕苟儿为主，改元建明，置百官，攻逼州郡。泾州民陈瞻亦聚众称王，改元圣明。

己卯，杨集起兄弟相帅降魏。

甲申，封皇子纲为晋安王。

二月，丙辰，魏主诏王公以下直言忠谏。治书侍御史阳固上表，以为：「当今之务，宜亲宗室，勤庶政，贵农桑，贱工贾，绝谈虚穷微之论，简桑门无用之费，以救饥寒之苦。」时魏主委任高肇，疏薄宗室，好桑门之法，不亲政事，故固言及之。

戊午，魏遣右卫将军元丽都督诸军讨吕苟儿。丽，小新成之子也。

乙丑，徐州刺史历阳昌义之与魏平南将军陈伯之战于梁城，义之败绩。

将军萧昞将兵击魏徐州，围淮阳。

三月，丙寅朔，日有食之。

己卯，魏荆州刺史赵怡、平南将军奚康生救淮阳。

魏咸阳王禧之子翼，遇赦，求葬其父。屡泣请于魏主，魏主不许。癸未，翼与其弟昌、晔来奔。上以翼为咸阳王，翼以晔嫡母李妃之子也，请以爵让之，上不许。

辅国将军刘思效败魏青州刺史元系于胶水。

临川王宏使记室吴兴丘迟为书遗陈伯之曰：「寻君去就之际，非有他故，直以不能内审诸己，外受流言，沈迷猖蹶，以至于此。主上屈法申恩，吞舟是漏，将军松柏不翦，亲戚安居，高台未倾，爱妾尚在。而将军鱼游于沸鼎之中，燕巢于飞幕之上，不亦惑乎！想早励良图，自求多福。」庚寅，伯之自寿阳梁城拥众八千来降，魏人杀其子虎牙。诏复以伯之为西豫州刺史；未之任，复以为通直散骑常侍。久之，卒于家。

初，魏御史中尉甄琛表称：「《周礼》，山林川泽有虞、衡之官，为之厉禁，盖取之以时，不使戕贼而已，故虽置有司，实为民守之也。夫一家之长，必惠养子孙，天下之君，必惠养兆民，未有为人父母而吝其醯醢，富有群生而榷其一物者也。今县官鄣护河东盐池而收其利，是专奉口腹而不及四体也。盖天子富有四海，何患于贫！乞弛盐禁，与民共之。」录尚书事勰、尚书邢峦奏，以为：「琛之所陈，坐谈则理高，行之则事阙。窃惟古之善治民者，必污隆随时，丰俭称事，役养消息以成其性命。若任其自生，随其饮啄，乃是刍狗万物，何以君为！是故圣人敛山泽之货，以宽田畴之赋；收关市之税，以助什一之储。取此与彼，皆非为身，所谓资天地之产，惠天地之民也。今盐池之禁，为日已久，积而散之，以济军国，非专为供太官之膳羞，给后官之服玩。既利不在己，则彼我一也。然自禁盐以来，有司多慢，出纳之间，或不如法。是使细民嗟怨，负贩轻议，此乃用之者无方，非作之者有失也。一旦罢之，恐乖本旨。一行一改，法若弈棋，参论理要，宜如旧式。」魏主卒从琛议，夏，四月，乙未，罢盐池禁。

庚戌，魏以中山王英为征南将军、都督扬、徐二州诸军事，帅众十馀万以拒梁军，指授诸节度，所至以便宜从事。

江州刺史王茂将兵数万侵魏荆州，诱魏边民及诸蛮更立宛州，遣其所署宛州刺史雷豹狼等袭取魏河南城。魏遣平南将军杨大眼都督诸军击茂，辛酉，茂战败，失亡二千馀人。大眼进攻河南城，茂逃还；大眼追至汉水，攻拔五城。

魏征虏将军宇文福寇司州，俘千馀口而去。

五月，辛未，太子右卫率张惠绍等侵魏徐州，拔宿预，执城主马成龙。乙亥，北徐

州刺史昌义之拔梁城。

豫州刺史韦睿遣长史王超等攻小岘，未拔。睿行围栅，魏出数百人陈于门外，睿欲击之，诸将皆曰：「向者轻来，未有战备，徐还授甲，乃可进耳。」睿曰：「不然。魏城中二千馀人，足以固守，今无故出人于外，必其骁勇者也。苟能挫之，其城自拔。」众犹迟疑，睿指其节曰：「朝廷授此，非以为饰，韦睿法不可犯也！」遂进击之，士皆殊死战，魏兵败走，因急攻之，中宿而拔，遂至合肥。

先是，右军司马胡景略等攻合肥，久未下，睿按山川，夜，帅众堰肥水，顷之，堰成水通，舟舰继至。魏筑东、西小城夹合肥，睿先攻二城，魏将杨灵胤帅众五万奄至。众惧不敌，请奏益兵，睿笑曰：「贼至城下，方求益兵，将何所及！且吾求益兵，彼亦益兵。兵贵用奇，岂在众也！」遂击灵胤，破之。睿使军主王怀静筑城于岸以守堰，魏攻拔之，城中千馀人皆没。魏人乘胜至堤下，兵势甚盛，诸将欲退还巢湖，或欲保三叉，睿怒曰：「宁有此邪！」命取伞扇麾幢，树之堤下，示无动志。魏人来凿堤，睿亲与之争，魏兵却，因筑垒于堤以自固。睿起斗舰，高与合肥城等，四面临之，城中人皆哭，守将杜元伦登城督战，中弩死。辛巳，城溃，俘斩万馀级，获牛羊以万数。

睿体素羸，未尝跨马，每战，常乘板舆督厉将士，勇气无敌；昼接宾旅，夜半起，算军书，张灯达曙。抚循其众，常如不及，故投募之士争归之。所至顿舍，馆宇藩墙，皆应准绳。

诸军进至东陵，有诏班师。去魏城既近，诸将恐其追蹑，睿悉遣辎重居前，身乘小舆殿后，魏人服睿威名，望之不敢逼，全军而还。于是迁豫州治合肥。

壬午，魏遣尚书元遥南拒梁兵。

癸未，魏遣征西将军于劲节度秦、陇诸军。

丁亥，庐江太守闻喜裴邃克魏羊石城，庚寅，又克霍丘城。

六月，庚子，青、冀二州刺史桓和克朐山城。

乙巳，魏安西将军元丽击王法智，破之，斩首六千级。

张惠绍与假徐州刺史宋黑水陆俱进，趣彭城，围高冢戍，魏武卫将军奚康生将兵救之，丁未，惠绍兵不利，黑战死。

太子统生五岁，能遍诵《五经》；庚戌，始自禁中出居东宫。

丁巳，魏以度支尚书邢峦都督东讨诸军事。

魏骠骑大将军冯翊惠公源怀卒。怀性宽简，不喜烦碎，常曰：「为贵人当举纲维，何必事事详细！譬如为屋，但外望高显，楹栋平正，基壁完牢，足矣；斧斤不平，斫削

资治通鉴 卷第一百四十六 六

不密，非屋之病也。』

秋，七月，丙寅，桓和击魏兖州，拔固城。

吕苟儿率众十馀万屯孤山，围逼秦州，元丽进击，大破之。行秦州事李韶掩击孤山，获其父母妻子，庚辰，苟儿帅其徒诣丽降。

兼太仆卿杨椿别讨陈瞻，瞻据险拒守。诸将或请伏兵山蹊，断其出入，待粮尽而攻之，或欲斩木焚山，然后进讨。椿曰：『皆非计也。自官军之至，所向辄克，贼所以深窜，正避死耳。今约勒诸军，勿更侵掠，贼必谓我见险不前；待其无备，然后奋击，可一举平也。』乃止屯不进。贼果出抄掠，椿复以马畜饵之，不加讨逐。久之，阴简精卒，衔枚夜袭之，斩瞻，传首。秦、泾二州皆平。

戊子，徐州刺史王伯敖与魏中山王英战于阴陵，伯敖兵败，失亡五千馀人。

己丑，魏发定、冀、瀛、相、并、肆六州十万人以益南行之兵。上遣将军角念将兵一万屯蒙山，招纳兖州之民，降者甚众。是时，将军萧及屯固城，桓和屯孤山。魏邢峦遣统军樊鲁攻和，别将元恒攻及，统军毕祖朽攻念。壬寅，鲁大破和于孤山，恒拔固城，祖朽击念，走之。

己酉，魏诏平南将军安乐王诠督后发诸军赴淮南。诠，长乐之子也。

将军蓝怀恭与魏邢峦战于睢口，怀恭败绩，峦进围宿预。怀恭复于清南筑城，峦与平南将军杨大眼合攻之。九月，癸酉，拔之，斩怀恭，杀获万计。张惠绍弃宿预，萧昞弃淮阳，遁还。

临川王宏以帝弟将兵，器械精新，军容甚盛，北人以为百数十年所未之有。军次洛口，前军克梁城，诸将欲乘胜深入，宏性懦怯，部分乖方。魏诏邢峦引兵渡淮，与中山王英合攻梁城。宏闻之，惧，召诸将议旋师。吕僧珍曰：『知难而退，不亦善乎！』宏曰：『我亦以为然。』柳惔曰：『自我大众所临，何城不服，何谓难乎！』裴邃曰：『是行也，固敌是求，何难之避！』马仙琕曰：『王安得亡国之言！天子扫境内以属王，有前死一尺，无却生一寸！』昌义之怒，须发尽磔，曰：『吕僧珍可斩也！岂有百万之师出未逢敌，望风遽退！何面目得见圣主乎！』朱僧勇、胡辛生拔剑而退，曰：『欲退自退，下官当前向取死。』议者罢出，僧珍谢诸将曰：『殿下昨来风动，意不在军，深恐大致沮丧，故欲全师而返耳。』宏不敢遽违群议，停军不前。魏人知其不武，遗以巾帼，且歌之曰：『不畏萧娘与吕姥，但畏合肥有韦虎。』虎，谓韦睿也。僧珍叹曰：『使始兴、吴平为帅而佐之，岂有为敌人所侮如是乎！』欲遣裴邃分军取寿阳，大众停洛口，宏固执不听，令军中曰：『人马有前行者斩！』于是将士人怀愤怒。魏奚康生驰

資治通鑑卷第一百四十六

遣杨大眼谓中山王英曰：『梁人自克梁城已后，久不进军，其势可见，必畏我也。王若进据洛水，彼自奔败。』英曰：『萧临川虽骙，其下有良将韦、裴之属，未可轻也。宜且观形势，勿与交锋。』

张惠绍号令严明，所至独克，军于下邳，下邳人多欲降者，惠绍谕之曰：『我若得城，诸卿皆是国人，若不能克，徒使诸卿失乡里，非朝廷吊民之意也。今且安堵复业，勿妄自辛苦。』降人咸悦。

己丑，夜，洛口暴风雨，军中惊，临川王宏与数骑逃去。将士求宏不得，皆散归，弃甲投戈，填满水陆，捐弃病者及羸老，死者近五万人。宏乘小船济江，夜至白石垒，叩城门求入。临汝侯渊猷登城谓曰：『百万之师，一朝鸟散，国之存亡，未可知也。恐奸人乘间为变，城不可夜开。』宏无以对，乃缒食馈之。渊猷，渊藻之弟。时昌义之军梁城，闻洛口败，与张惠绍皆引兵退。

魏主诏中山王英乘胜平荡东南，逐北至马头，攻拔之，城中粮储，魏悉迁之归北。议者咸曰：『魏运米北归，当不复南向。』上曰：『不然，此必欲进兵，为诈计耳。』乃命修钟离城，敕昌义之为战守之备。

冬，十月，英进围钟离，魏主诏邢峦引兵会之。峦上表，以为：『南军虽野战非敌，而城守有馀，今尽锐攻钟离，得之则所利无几，不得则亏损甚大。且介在淮外，借使束手归顺，犹恐无粮难守，况杀士卒以攻之乎！又，征南士卒从戎二时，疲弊死伤，不问可知。虽有乘胜之资，惧无可用之力。若臣愚见，谓宜修复旧戍，抚循诸州，以俟后举，江东之衅，不患其无。』诏曰：『济淮掎角，事如前敕，何容犹尔盘桓，方有此请！可速进军！』峦又表，以为：『今中山进军钟离，实所未解。若为得失之计，不顾万全，直袭广陵，出其不备，或未可知。若正欲以八十日粮取钟离城者，臣未之前闻也。彼坚城自守，不与人战，城堑水深，非可填塞，空坐至春，士卒自弊。若遣臣赴彼，从何致粮！夏来之兵，不赍冬服，脱遇冰雪，何方取济！臣宁荷怯懦不进之责，不受败损空行之罪。钟离天险，朝贵所具，若有内应，则所不知；如其无也，必无克状。若信臣言，愿赐臣停；若谓臣惮行求还，臣所领兵，乞尽付中山，任其处分，臣止以单骑随之东西。臣屡更为将，颇知可否，臣既谓难，何容强遣！』乃召峦还，更命镇东将军萧宝寅与英同围钟离。

侍中卢昶素恶峦，与侍中、领右卫将军元晖共谮之，使御史中尉崔亮弹峦在汉中掠人为奴婢。峦以汉中所得美女赂晖，晖言于魏主曰：『峦新有大功，不当以赦前小事案之。』魏主以为然，遂不问。

晖与卢昶皆有宠于魏主，而贪纵，时人谓之『饿虎将军』、『饥鹰侍中』。晖寻迁吏部尚书，用官皆有定价，大郡二千匹，次郡、下郡递减其半，馀官各有等差，选者谓之『市曹』。

丁酉，梁兵围义阳者夜遁，魏郢州刺史娄悦追击，破之。

柔然库者可汗卒，子伏图立，号佗汗可汗，改元始平。戊申，佗汗遣使者纥奚勿六跋如魏请和。魏主不报其使，谓勿六跋曰：『蠕蠕远祖社仑，乃魏之叛臣，往者包容，暂听通使。今蠕蠕衰微，不及畴昔，大魏之德，方隆周、汉，正以江南未平，少宽北略，通和之事，未容相许。若修藩礼，款诚昭著者，当不尔孤也。』

魏京兆王愉、广平王怀国臣多骄纵，公行属请，魏主诏中尉崔亮穷治之，坐死者三十馀人，其不死者悉除名为民。惟广平右常侍杨昱、文学崔楷以忠谏获免。昱，椿之子也。

十一月，乙丑，大赦。诏右卫将军曹景宗都督诸军二十万救钟离。上敕景宗顿道人洲，俟众军齐集俱进。景宗固启求先据邵阳洲尾，上不许。景宗欲专其功，违诏而进，值暴风猝起，颇有溺者，复还守先顿。上闻之，曰：『景宗不进，盖天意也。若孤军独往，城不时立，必致狼狈。今破贼必矣。』

初，汉归义侯势之末，群獠始出，北自汉中，南至邛、笮，布满山谷。势既亡，蜀民多东徙，山谷空地皆为獠所据。其近郡县与华民杂居者，颇输租赋，远在深山者，郡县不能制。梁、益二州岁伐獠以自润，公私利之。及邢峦为梁州，獠近者皆安堵乐业，远者不敢为寇。峦既罢去，魏以羊祉为梁州刺史，傅竖眼为益州刺史。祉性酷虐，不得物情。獠王赵清荆引梁兵入州境为寇，祉遣兵击破之。竖眼施恩布信，大得獠和。

十二月，癸卯，都亭靖侯谢朏卒。

魏人议乐，久不决。

六年（丁亥，公元五〇七年）

春，正月，公孙崇请委卫军将军、尚书右仆射高肇监其事；魏主知肇不学，诏太常卿刘芳佐之。

魏中山王英与平东将军杨大眼等众数十万攻钟离。钟离城北阻淮水，魏人于邵阳洲两岸为桥，树栅数百步，跨淮通道。英据南岸攻城，大眼据北岸立城，以通粮运。城中众才三千人，昌义之督帅将士，随方抗御。魏人以车载土填堑，使其众负土随之，严骑蹙其后。人有未及回者，因以土迮之。俄而堑满，冲车所撞，城土辄颓，义之用泥补之，冲车虽入而不能坏。魏人昼夜苦攻，分番相代，坠而复升，莫有退者。一日战数十合。前后杀伤万计，魏人死者与城平。

二月，魏主召英使还。英表称："臣志殄逋寇，而月初已来，霖雨不止，若三月晴霁，城必可克，愿少赐宽假。"魏主复赐诏曰："彼土蒸湿，无宜久淹。势虽必取，乃将军之深计，兵久力殆，亦朝廷之所忧也。"英犹表称必克，魏主遣步兵校尉范绍诣英议攻取形势。绍见钟离城坚，劝英引还，英不从。

上命豫州刺史韦睿将兵救钟离，受曹景宗节度。睿自合肥取直道，由阴陵大泽行，值涧谷，辄飞桥以济师。人畏魏兵盛，多劝睿缓行。睿曰："钟离今凿穴而处，负户而汲，车驰卒奔，犹恐其后，而况缓乎！魏人已堕吾腹中，卿曹勿忧也。"旬日至邵阳。上豫敕曹景宗曰："韦睿，卿之乡望，宜善敬之！"景宗见睿，礼甚谨。上闻之，曰："二将和，师必济矣。"

景宗与睿进顿邵阳洲。睿于景宗营前二十里夜掘长堑，树鹿角，截洲为城，去魏城百余步。南梁太守冯道根，能走马步地，计马足以赋功，比晓而营立。魏中山王英大惊，以杖击地曰："是何神也！"景宗等器甲精新，军容甚盛，魏人望之夺气。景宗虑城中危惧，募军士言文达等潜行水底，赍敕入城，城中始知有外援，勇气百倍。

杨大眼勇冠军中，将万余骑来战，所向皆靡。睿结车为阵，大眼聚骑围之，睿以强弩二千一时俱发，洞甲穿中，杀伤甚众。矢贯大眼右臂，大眼退走。明旦，英自帅众来战，睿乘素木舆，执白角如意以麾军。一日数合，英乃退。魏师夜复来攻城，飞矢雨集。睿子黯请下城以避箭，睿不许。军中惊，睿于城上厉声呵之，乃定。牧人过淮北伐刍藁者，皆为杨大眼所略。曹景宗募勇敢士千余人，于大眼城南数里筑垒，大眼来攻，景宗击却之。垒成，使别将赵草守之，有抄掠者，皆为草所获，是后始得纵刍牧。

上命景宗等豫装高舰，使与魏桥等，为火攻之计。令景宗与睿各攻一桥：睿攻其南，景宗攻其北。三月，淮水暴涨六七尺。睿使冯道根与庐江太守裴邃、秦郡太守李文钊等乘斗舰竞发，击魏洲上军尽殪。别以小船载草，灌之以膏，从而焚其桥。风怒火盛，烟尘晦冥，敢死之士，拔栅斫桥，水又漂疾，倏忽之间，桥栅俱尽。道根等皆身自搏战，军人奋勇，呼声动天地，无不一当百，魏军大溃。英见桥绝，脱身弃城走，大眼亦烧营去，诸垒相次土崩，悉弃其器甲争投水，死者十余万，斩首亦如之。睿遣报昌义之，义之悲喜，不暇答语，但叫曰："更生！更生！"诸军逐北至濊水上，英单骑入梁城，缘淮百余里，尸相枕藉，生擒五万人，收其资粮、器械山积，牛马驴骡不可胜计。义之德景宗及睿，请二人共会，设钱二十万，官赌之。景宗掷得雉，睿徐掷得卢，遽取一子反之，曰："异事！"遂作塞。景宗与群帅争先告捷，睿独居后，世尤以此贤之。诏增景宗、睿爵邑，义之等受赏各有差。

夏，四月，己酉，以江州刺史王茂为尚书右仆射，安成王秀为江州刺史。秀将发，主者求坚船以为斋舫，秀曰：『吾岂爱财而不爱士乎！』乃以坚者给参佐，下者载斋物。既而遭风，斋舫遂破。

丁巳，以临川王宏为骠骑将军、开府仪同三司，建安王伟为扬州刺史，右光禄大夫沈约为尚书左仆射，左仆射王莹为中军将军。

六月，丙午，冯翊等七郡叛，降魏。

秋，七月，丁亥，以尚书右仆射王茂为中军将军。

八月，戊子，大赦。

魏有司奏：『中山王英经算失图，齐王萧宝寅等守桥不固，皆处以极法。』己亥，诏英、宝寅免死，除名为民，杨大眼徙营州为兵。以中护军李崇为征南将军、扬州刺史。崇多事产业，征南长史狄道辛琛屡谏不从，遂相纠举。诏并不问。崇因置酒谓琛曰：『长史后必为刺史，但不知得上佐何如人耳。』琛曰：『若万一叨忝，得一方正长史，朝夕闻过，是所愿也。』崇有惭色。

九月，己亥，魏以司空高阳王雍为太尉，尚书令广阳王嘉为司空。

甲子，魏开斜谷旧道。

冬，十月，壬寅，以五兵尚书徐勉为吏部尚书。勉精力过人，虽文案填积，坐客充满，应对如流，手不停笔。又该综百氏，皆为避讳。尝与门人夜集，客虞暠求詹事五官，勉正色曰：『今夕止可谈风月，不可及公事。』时人咸服其无私。

闰月，乙丑，以临川王宏为司徒、行太子太傅，尚书左仆射沈约为尚书令、行太子少傅，吏部尚书袁昂为右仆射。

丁卯，魏皇后于氏殂。是时高贵嫔有宠而妒，高肇势倾中外，后暴疾而殂，人皆归咎高氏。宫禁事秘，莫能详也。

甲申，以光禄大夫夏侯详为尚书左仆射。

乙酉，魏葬顺皇后于永泰陵。

十二月，丙辰，丰城景公夏侯详卒。

乙丑，魏淮阳镇都军主常邕和以城来降。